海 峡 二 十 七 城 市 历 史 文 化 系 列

龙津溪

　　长泰最大的河流，堪称长泰母亲河。她发源于安溪县金石山，由北从枋洋镇入境后，纵贯全县南北，县境内全长近六十公里。她一路奔流，制造长泰无数沃野胜景，孕育龙津千年历史文化。她曲折南流后转向西南，又转东南再转西南至县城，在县城西南部石冈山下改向西流，经过漳州唯一状元出生地京元村后出境，在龙海洛宾汇入九龙江北溪。

　　今天，中共长泰县委县、政府以人为本，打造龙津溪绿水景观工程，使两岸景色更加靓丽多姿。

文昌长泰

《文昌长泰》编委会 编

海峡文艺出版社

图书在版编目(CIP)数据

文昌长泰/《文昌长泰》编委会编. —福州:海
峡文艺出版社,2009.10
(海峡二十七城市历史文化系列)
ISBN 978-7-80719-433-0

Ⅰ.文… Ⅱ.文… Ⅲ.文化史－长泰县
Ⅳ.K295.74

中国版本图书馆 CIP 数据核字(2009)第
191650 号

文 昌 长 泰

编者:《文昌长泰》编委会

责任编辑:何　强

出版发行:海峡文艺出版社(网址:www.hx-read.com)

出品人:何　强

社址:福州市东水路 76 号 14 层　　　　**邮编:**350001

发行部电话:0591－87536724

印刷:福州德安彩色印刷有限公司　　　　**邮编:**350008

开本:787×1092 毫米　1/16

字数:230 千字

印张:14

版次:2009 年 10 月第 1 版

印次:2009 年 10 月第 1 次印刷

ISBN 978-7-80719-433-0

定价:45.00 元

如发现印装质量问题,请寄承印厂调换

出 版 说 明

　　《国务院关于支持福建省加快建设海峡西岸经济区的若干意见》的正式发布，使海峡西岸经济区建设的战略构想逐步成为现实。以海峡两岸主要城市为主体的海峡经济区的设想，也正不断得到海峡两岸有识之士的认同和社会各界的关注。我们认为，一个成熟的经济圈的形成，离不开该区域历史文化的交流和对接。作为建设文化的一个重要平台，我们出版工作者在其中应当也可以有所作为。

　　海峡文艺出版社成立二十五年来，积极关注海峡两岸历史文化资源的挖掘整理，并用通俗生动的形式将它们展现在读者面前，得到了社会和读者的认同。经过充分的市场调研，近期我们提出了编辑出版"海峡二十七城市历史文化系列"的选题构想。这个构想的主要内容是：通过对海峡两岸二十七个主要城市（包括福建的福州、厦门、漳州、泉州、莆田、三明、南平、龙岩、宁德；浙江的温州、丽水、衢州；广东的汕头、梅州、潮州、揭阳；江西的上饶、鹰潭、抚州、赣州；台湾的台北、高雄、基隆、台中、台南、新竹、嘉义等）及所辖的两百多个县（市、区）的历史文化进行审视和观照，用"探寻历史遗存"、"拜访古代先贤"、"感悟绿色山水"、"品味地方风情"、"寻找故事传说"、"重读古典诗文"和"欣赏县城新姿"等板块进行书写和展示，一县（区、市）一册。让读者在图文并茂的情境中，走进历史，关心当下，展望未来。

　　此项工程已经正式展开，我们计划用三到五年时间全部完成。我们真诚希望与有关县（市、区）及其有志之士携手，共同努力，把我们珍贵的历史文化资源转化为现实的文化生产力，为中华文化的大发展大繁荣，增添一道厚重而亮丽的风景线。

海峡文艺出版社

二〇〇九年十月

总　序

刘可清　陈冬

漳州是我国历史文化名城、优秀的旅游城市，是台胞的主要祖籍地和著名的侨乡，是海峡西岸经济区的重要城市之一。一万多年前，先民就在这片沃土上拓土耕耘。四五千年前，漳州就具有了相当的文明。公元 7 世纪中叶，陈政、陈元光父子入闽，在平息啸乱之后，设立州治，大力开发漳州。从此，中原文化与闽越文化在这里相互交融，相互促进，共同发展，创造了灿烂的漳州历史文化，留下了足以傲人的历史文化遗产。朱熹、黄道周等先贤，世界级文学大师林语堂，以及许地山、杨骚等一批文化名人留下了宝贵的精神财富；芗剧、木偶剧及木偶雕刻艺术享誉海内外；剪纸、灯谜、木版年画等民间传统艺术丰富多彩。

新中国成立后，特别是改革开放三十多年来，漳州的经济政治文化社会事业得到了全面发展进步，对历史文化的挖掘、整理、保护，也列入了党委政府的重要议事日程。我们狠抓保护与利用工作相结合，使经济建设与文化建设协调发展，相得益彰。2005 年，漳州市区明清古街的保护荣获联合国科教文组织亚太地区遗产保护奖；2008 年，漳州的 3 个土楼群成功列入世界文化遗产名录。目前，漳州拥有福建土楼、八宝印泥、漳浦剪纸等多项世界级、国家级文化遗产。列入全国重点文物保护单位的有 15 处 23 个点，省级重点文物保护单位 57 处，并有 6 个文化部命名的中国民间艺术之乡、1 个省历史文化名镇、1 个中国历史文化名村，还有革命史迹和革命纪念地280 多处。2008 年 12 月，漳州市第三批非物质文化遗产名录出炉，就有九大类 26 项。

漳台两地的"五缘"关系，更使漳州具有了独特的开展两岸历史文化交流活动的优势。围绕开漳圣王陈元光、东山关帝、保生大帝、三平祖师等开展的品牌活动，吸引了大量的台湾信众。漳台姓氏与族谱文化研究、漳台两岸祖籍地对接、开基祖对接、祠堂对接、族谱对接、同姓宗亲团体对接等活动，更是增进了漳台两地人民的亲情，见证了两岸血脉相连的深厚渊源。

今年 5 月，《国务院关于支持福建省加快建设海峡西岸经济区的若干意见》正式发布，其中提出要把海峡西岸经济区建设成为"我国重要的自然和文化旅游中心"。

在这方面,漳州无疑也有自身的独特优势。文化是旅游的灵魂,旅游是文化的载体。要把漳州打造成为"国际知名的自然与文化旅游目的地"之一,就需要我们依托底蕴深厚的漳州历史文化,加快文化旅游资源的开发,实现以文促旅,以旅兴文的目标。

所有这些,都要求我们看待历史文化资源,要有更高的高度,要有更新的视角。实践证明,文化作为一种生产力,它的作用并不仅仅局限在文化领域,它可以带动社会的全面发展、提高人们的生活水平。对于漳州这样一个有着一千多年历史的文明区域来说,如何将悠久的历史文化积淀进一步转化为现实生产力,为实现科学发展、社会和谐发挥更大的推动作用,是一个具有十分现实意义的课题。

"漳州历史文化丛书"无疑在这方面做了一次有益的尝试和可贵的创新。

首先,丛书由市委宣传部、市经济学会牵头,由各县(市、区)组织作者,按照出版单位的要求进行编写,每县一册。展现在读者面前的这 11 册——《首善芗城》《风华龙文》《文化龙海》《唐郡漳浦》《故郡云霄》《海韵东山》《风韵诏安》《土楼南靖》《柚都平和》《绿色华安》《文昌长泰》,光书名,就富有特点,让人耳目一新,各县(市、区)独特的历史文化特色与现代发展气息跃然纸上,扑面而来。

其次,丛书的编写体例有自己的特点。探寻历史遗存、拜访古代先贤、感悟绿色山水、品味地方风情、寻找故事传说、重读古典诗文、欣赏县城新姿等板块,囊括物质文化遗存与非物质文化遗产,从人物到故事,从自然到社会,从历史到现实,向读者展现了漳州所属县(市、区)名人辈出,遗存众多,历史文化积淀厚重以及今天的卓越风姿。单一册,可以看作是一个县(市、区)的历史文化小百科,11 册合起来,也是漳州历史文化的大百科。

再者,丛书用大文学的手法,挖掘历史文化,发现古代遗存,反映风土人情,展示自然生态和城市发展新姿新貌,力求做到雅俗共赏、史俗同趣,兼具权威性、文史性、思想性、艺术性和可读性。丛书彩色印刷,图文并茂,对外可作为展示各县(市、区)历史文化的外宣、文化礼品,成为海内外朋友了解漳州的必读文本;对内可作为弘扬地方优秀历史文化的生动教材,成为漳州市人民,特别是青少年学生引以自豪的必备读物。

刚刚过去的新中国 60 周年庆典,向世人展示了中华民族坚持科学发展、建设美好家园,为人类的文明进步、和平发展作出更大贡献的决心。漳州市和全国一样,也要豪迈地跨上新的征程。我们要继续努力,在经济政治文化社会等各方面,不断创新,不断落实,不断奉献出新的成果。

(作者分别为中共漳州市委书记、漳州市人大常委会主任,
中共漳州市委副书记、漳州市人民政府代市长)

2009 年 10 月

目 录

序

张祯锦

长泰，源远流长：秦属闽中，汉归闽越。三国立建安，隋代划南安。唐称武德，隶于泉州；南唐置县，取名长泰。宋末更改，治于漳州。方圆约千里，历经千余载。民风民俗，唐风宋雨一脉承；呕哑俚语，中原古音活化石。楼厝堡寨，千年古县留胜迹；书画诗文，状元故里沐春风。

长泰，山青水秀：东依厦门，北望泉州，西连戴云，南眺台海。平畴沃野，丘峰翠岫。迤逦而来，"六山"连绵；逐波而去，"七水"萦怀。佳木葱茏，山依水而雄奇；清泉潺潺，水傍山而灵通。天柱擎云，临漳第一胜处；吴田傲立，厦漳第一名山。朝则天成晓旭，暮则梁冈晚照。晴则董凤叠翠，阴则鼓鸣致雨。春观龙津溪涨，夏漂马洋溪激。秋赏活盘湖光，冬品枋洋水色。山环水复，步移景换，半是城市，半是花园。更有风物，数不胜尽，芦柑国优，明姜纳贡，茶园遍山，稻浪满川，奇石丰富，水质优良。闽南宝地，名实皆然。

长泰，地灵人杰：民务实而进取，俗尚礼而厚朴。养成忠、义、勇性格，造就学、孝、廉精神。向学遑论贵贱，教子唯有读书。设县学、建书院、置学田，遂科甲相望，金榜蝉联。一榜三进士、祖孙四进士传为美谈，一榜七举人、明代三解元为人乐道。礼乐诗书之盛，闽省称奇；魁人韵士之多，漳郡独冠。戴耀忠烈，总督两广，一心保边陲；秉汉节义，监察江南，斗胆批宗藩。戴燝称漳州七子，连横著台湾通史。贵居庙堂，戴时宗常忧国；揭竿台湾，朱一贵号中兴。一代宗师，唐泰门下出高徒，道比程朱；明代状元，林震一笔化三千，全漳一人。散金修陂，陈耆之懿德，闽南都江堰福泽至今；弹奸劾佞，卢经之洁行，青阳忠谏府高风犹存。林承休，组建高安军，抗倭六年歼寇两千，威扬漳泉。汤河清，侨领望加锡，父子丹心济民抗日，名震印尼。江山代有才人，一时几多风采。

长泰，日新月异：二十万干群，一千里热土，奋鹰翔之远志，趁风举而帆张。工业强县、对接特区、项目带动，"三大举措"绘蓝图；增长速度、品牌创建、社会事业、城乡规划，"四个争先"兴骏业。振敢拼之魂，逢天时、得地利、民众同心，开拓进取；承历届之功，招外资、举项目、筑巢引凤，鼓风行船；聚社会之力，凝深情、彰爱心、造福桑梓，血浓于水。科学发展引领社会进步，和谐号角高奏时代强音。工农旅林渔，生机勃发；教科文卫体，亮点纷呈。支柱产业，蓬勃发展；朝阳产业，喷薄跃升。路桥并举，南北途通成一体；统筹协调，城乡携手奔前程。海峡西岸生态县，前景无限；万绿丛中工业城，风头正劲。更乘海西之势，图发展之跨越；把握"三通"机遇，谋招商之捷径。又好又快，蝉联八闽十佳；兴工兴农，惠及百姓万户。波澜壮阔一长卷，风起云涌新长泰。

长泰长泰，长久安泰：百业兴，鸿图展。旧貌去，新颜来。先进第一，榜榜有名。各种美誉，不胜枚举。精神共物质比美，文化与经济并进。选贤任能，追求大同；讲信修睦，构建和谐。关注民生，百姓吉祥安康。兴科重教，人才济济满堂。古老乡村，已成繁华集市；山区城镇，谱写开放乐章。琴棋书画，活跃群众文化；四季歌舞，丰富城乡娱乐。兴泰、官山、武德广场，昵昵红男绿女；陶然、鹤亭、滨江公园，嬉嬉白叟黄童。温馨小城，宜业宜居，老少康健；崛起新县，堪咏堪吟，处处和谐。前贤有知，当欣薪火不断；后人有感，应以吾泰为豪。

欣逢盛世，赋词寄怀。愿我长泰，伟业广拓，蓝图更展，锦上添光。

（作者为中共长泰县委书记）

2009 年 10 月

注解：
　"六山"：天成山、天柱山、梁冈山、鼓鸣山、董凤山、吴田山。
　"七水"：龙津溪、马洋溪、黄土溪、高层溪、活盘水库、大枋水库、枋洋水库。

前　言

王　龙

　　文化是一个民族的灵魂，是一个地区重要的软实力；历史文化资源也是一种特殊的经济资源。

　　长泰作为千年古县状元故里，历史悠久，文化昌盛。今天，我们在取得了社会经济建设发展进步的同时，对所拥有的宝贵的历史文化遗产如何有一个新的认识，是摆在我们面前的一个重要课题。近年来，在党委政府的领导下，在许多部门同志的努力下，我们在整理、挖掘长泰历史文化资源方面做了许多工作，也收到了一定的成效，它使海内外的朋友，对长泰的历史文化有了更多的了解，对今天的长泰也有了更多的认识。但是，如何进一步将我们丰富的历史文化资源转化为现实生产力，为长泰的进一步又好又快发展服务，还需要我们继续思考、不断创新。

　　以往我们缺少的是：以更高更宽的视野来重新审视解读历史文化遗产；以更大更强的力度来深入挖掘、整理、打造一批地域特色明显、具有一定影响力的文化品牌；以更有效的措施来推动文化与经济的融合，让历史文化资源与自然资源有机互动，进而转化为休闲旅游资源、转化为构建和谐长泰的力量。我们重新编制《2009-2018年长泰县文化发展规划》，就是要强调注重历史文化遗产的继承与发扬，不断加大保护、发掘和恢复力度，不断加快繁荣和发展文化事业产业的步伐，使长泰逐步彰显深厚底蕴，泛出千年古韵。

　　《文昌长泰》的编辑出版，就是对长泰历史文化的整理挖掘所做的又一次有益探索。本书在已经出版的《发现长泰》基础上进一步增删，内容更加翔实精炼，丰富完备，展现了千年古县的主要历史文化内容，其中的不少文章，很有可读性，也很有启发性。本书将带您探寻长泰历史遗存，拜访长泰古代先贤，感悟长泰绿色山水，品味长泰民俗风情，寻找长泰故事传说，重读长泰古典诗文，欣赏长泰今日新姿。本书图文并茂，雅俗共赏，对外可以作为我县展示历史文化的重要外宣、文化礼品，成为海内外朋友了解长泰的必读文本；对内可以作为弘扬地方优秀历史文化的生动教材，成为我县干部群众，特别是青少年学生引以自豪的必备读物。

　　忆往事千年，令人思绪万千；望长泰明朝，促人扬鞭奋进。让我们一起，为千年古县长泰的更加灿烂的明天，继续努力！

（作者为长泰县人民政府县长）

长泰县区位图

千年古县长泰就像一颗绿色钻石镶嵌在闽南金三角的宝地上。

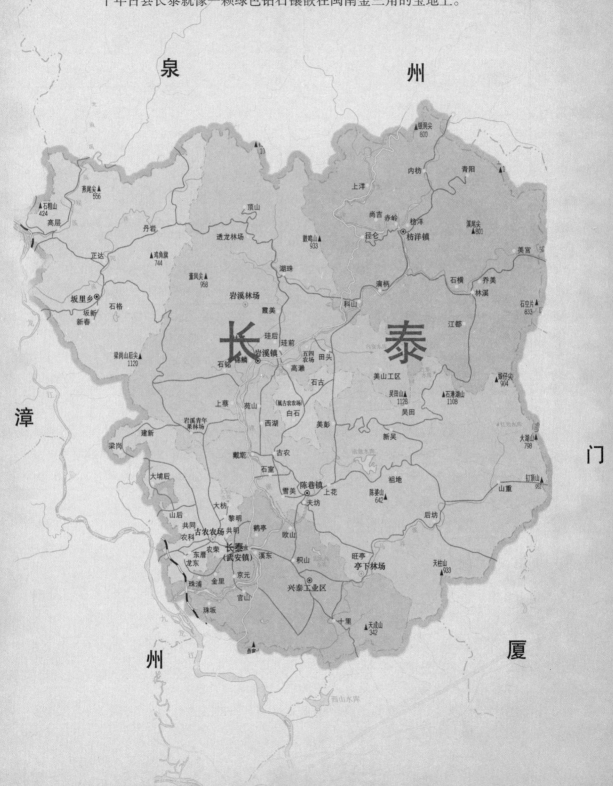

孔庙

探寻历史遗存

　　今天在长泰,你光一眼很难看到千年的遗迹。但你如果静下心来细细品鉴,你会发现这里还是有许多历史的声音。毕竟是已建县千年的古县,遗存还埋在这块土地上。许多美妙的历史文化的人和事,欢迎我们去对话探寻沟通。艺术家罗丹说得好,美需要发现美的眼睛。而发现长泰千年遗存需要眼睛,更需要一颗"心"。一草一木总关情,一事一物都是史。让我们一起带上这颗"心",一起探寻,一起发现。

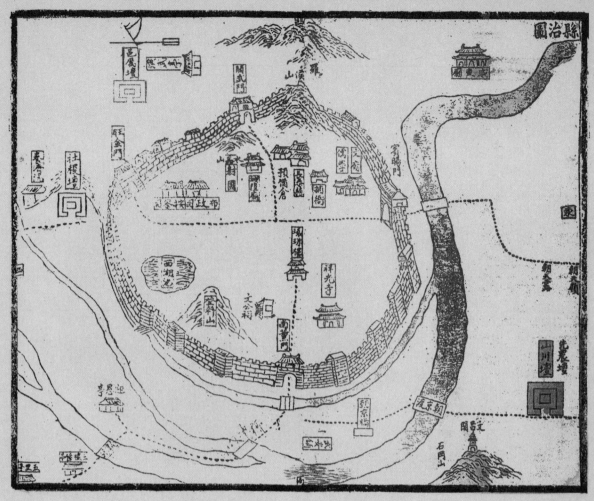

古长泰县治图

长泰于后周显德二年(955年)置县以后,便设县治于龙津溪下游西畔,北靠罗侯山,南依登科山,西有水晶山,依山傍水,位置优越。千年以来,未改其址。

长泰修筑城垣,始于北宋。初建时,城垣长963步,又增至253丈,再增至951.5丈,城垣为土筑。明洪武元年(1368年)改建时,拆除土墙,改砌石墙。正德十五年(1520年)修建时,于城东、城南凿城壕(护城河),增建女墙、马道、门楼。嘉靖三十七年(1558年)又将城墙加高0.3丈,于城上女墙建敌楼16座,筑垛1298个,新设窝铺17座,并重修4个城门。城垣依山形地势,蜿蜒连接着罗侯山、水晶山和登科山。

清代,城垣没有扩建及大的修建,至清末,已有多处残破。民国时期,修筑泰浦公路,改建县城街巷,拆除城垣的大部分墙体,4个城门也相继被毁坏拆除。

1971年修筑县城建设北路、1981年修筑建设南路和1988年修筑锦江路时,又相继填平城东、城南的护城河,辟为街道路面。至20世纪90年代,在罗侯山、水晶山仍可寻见古城城垣遗址。

呵护三千年前的长泰

◎凤翥

古文化遗址

1959年，在省考古队指导下，对长泰境内的古文化遗址进行普查，发现了一批新石器时代文化遗址，进行统一编号建档，并采集了一部分石器。在1981年、1987年的文物普查中，又发现了一批古文化遗址。1990年末，漳州市文化局文物人员在长泰七宝铜山发掘一些石器，初步推定该处为新石器文化遗址。至1990年，境内发现的古文化遗址有20多处，遗址分布于各乡镇。

在长泰龙津溪中游，有一个岩溪镇。站在镇区溪边往东望，有一座不高的小山，叫戈林山。山上一片葱绿，生机勃发。2005年元旦刚过，福建省文物考古队员在山上进行了考古发掘，出土了许多文物。考古专家称，发掘出土的许多文物，完整性好，器形多样，年代久远，弥补了漳州虎文山商周遗址考古中的早期历史发现的不足，对于全面了解三千二百年前的古闽越人的活动习俗、生活习性、生产状况、社会面貌，有重要的学术价值。这次发掘，也把长泰的人类史向前推进到了三千二百多年前。

长泰素来以农业闻名。呈向南开口的马蹄形地貌，阻滞了台风和寒流的入侵，气候温暖，雨量充沛，南亚热带海洋性气候，年平均气温21摄氏度，降雨量在1400多毫米。这样的地理和气候环境，十分有利于农作物和果树的生长。这样的自然环境，自然也是古代先人理想的生活场所。站在戈林山上环视四周，你会感到先民的聪明。这个地方靠近龙津溪，取水便利；山丘地势平缓，空气清新，而且视野辽阔，便于攻守。

据介绍，挖掘的探方中有三个属于墓坑，并起获了随葬品。这些随葬品包括陶尊、陶纺轮、石锛、陶盅、陶豆等文物；这些陶器分布在不同的地层，有汉和商两个年代。汉代陶器的表面呈方格纹、水格纹、戳点纹，而商代的则多呈较为简单的条纹。研究人员说，从一些文物还可以推定，另外有些坑是商周时期的灰坑。灰坑有窑

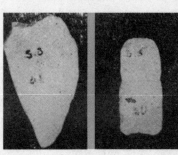

藏用和遗弃物用两种用途，从清理出来的石头看，这里灰坑属于后者，也就是相当于现代的"垃圾场"。从灰坑里出土的有石核、锛胚、废弃石料，还有一个陶尊的底部。它反映了远古时期，古闽越人曾经在这一带加工、打制石器，而且活动相当频繁。考古队长指着两块古人用来制造生产工具的砺石中的一块说："你看，这一块体量这么大，是很罕见的。这一块砺石尽管裸露在土层之外，历经了数千年的风风雨雨，已经受到风化侵蚀，但从砺石表面磨制成光滑凹形的表征，可以想象当年这块砺石使用频率之高。"面对这些数千年前的先人遗物，敬重之情油然而生。

人类要生存，离不开劳动；要劳动，离不开生产；要生产得有效率，就离不开劳动工具的制造。会制造工具，这正是人有别于动物的重要特点之一。没有想到，这样一个古老的命题，今天得到了一次直观真实的体验。我情不自禁地弯下腰，小心翼翼地捧起一个大陶尊。这陶尊是本次出土的最重要的文物之一。陶尊呈黄褐色，外表纹路是简单的条形，除了有轻微裂缝外，整体形状保持完好。考古专家高兴地对我说，"这是典型的商周陶器，具有很高的研究价值"。

我仔细端详起来，企图从那简单粗糙的纹路里，找到先民的影子；我不禁轻轻地抚摸着那些似曾相识的甲骨图案，企图去领悟先民们创造的文化。我仿佛感到自己在握着先民的手，有一股与之对话的冲动。我想，如果按专家所说，这些文物产自商周汉诸代，那么，说明先民在这块土地上生活了相当长的时间？这里如果是制造工具的废弃石料场，那么，就一定还有更精细更完美的工具被用于生产生活中了。而当时的生产规模又有多大呢？这样制造工具是为了自给还是为了交换呢？这些不用的废料，先人们是主动加以填埋的吗？如果是，他们在三千多年前就有处理废物的环保意识了吗？更让我感兴趣的是，这里的先民们以后都走向了哪里，又都为长泰这一块土地留下了其他别的什么？这是专业人士要研究的题目，也许永远没有答案，但它将成为长泰永恒的魅力话题。

它让我想到了闽越文化。闽越文化起源于战国时代。战国中期（公元前334年），越王勾践六世孙无疆被楚威王打败，越国瓦解。越王族分散在江南海边，各踞一隅，有的称王，有的称君，但都要向楚国朝贡。而越王族中的一支，就在这时南奔入闽而来。他们带来了中原和吴越文化，同原有土著的闽族人结合，这就是"闽越族"的由来，也称"闽越人"。闽越人在与中原文化的长期交往中，大量汲取了中原先进文化和其他周边文化，并逐渐形成了具有鲜明地方特色的闽越文化，成为中华民族文化的重要组成部分。古之闽

商周石戈、石矛、铜镘

涡纹鼎

该鼎为商代早期铜器。鼎高42.6厘米，口径31.6厘米，腹围107厘米，重10公斤，双立耳，腹微鼓，圆底，三柱足。腹部饰有涡纹（商代铜器纹饰中最典型的一种几何形纹样），鼓钉纹，并有弦纹两道。

越地不仅包含闽中地域和浙江、广东的一部分，还包括台、澎、金、马等沿海岛屿。长泰，自然是闽越文化的重要组成部分。但从这次戈林山文物出土说明，长泰文化的溯源更加久远。

它也让我知道了什么是"浮滨文化"。考古学上的"浮滨文化"，是指产生于粤东和闽南境内，明显不同于中原商周文化的一种土著文化。在商周之际，为了掠夺南方的铜矿、食盐和作为流通货币、出产在南中国海的贝，中原的奴隶主王朝向长江以南及闽粤扩张，在经济开发、财富掠夺的同时，也带来文化的交流。其中一支中原文化势力，以江西清江吴城为基地，溯赣江而上，入闽南而影响漳潮地区。这支商文化的南渐，一方面融合了本地的土著文化，另一方面也接受土著文化的影响而发生变异，于是，产生了粤东和闽南境内不同于诸越文化的浮滨文化。

今天在长泰，人们见识了这种文化。因为，我手捧端详的那只陶尊，专家说，就是浮滨文化的代表作品之一。作为商周典型的盛水器具，它在三千多年前被广泛使用。

后来我还知道了，早在上20世纪七八十年代，在龙津溪两岸展开文物普查时，工作人员就在岩溪的平缓山丘上采集到了带有方格纹硬陶片、条纹陶片及石锛等物件，经考古专家鉴定，陶器和石器属于商周时期文物，并确认了长泰犁头山、石牛山、戈林山、西山、座前山和墓亭山等6处为闽越文化遗址，并推测，在三千多年前，长泰县龙津江东岸平原的北部边远山区就

碗盒山窑址

位于今兴泰工业区积山村东南约300米处。面积约1万平方米。窑址中部已被毁，堆积层厚1~2米，未见窑基，仅见窑壁。采集到青瓷碗、影青瓷碗、碟、匣钵、垫饼，初步考证，为南宋、元代制品。

探寻历史遗存

戈林山远眺

戈林山遗址
位于岩溪锦鳞村戈林山南,面积4000平方米。地表采集到硬砂陶片。其纹饰有网格纹、网格加米字纹、弦纹加水波纹、篮纹等。

有人类部落活动。今天的考古发掘,只是所要做的工作的一个小小部分。

政府及时把戈林山遗址定为县级文物保护单位。有人问,保护这样的遗址,能带来什么经济效益吗?我说,如果没有了周口店北京人遗址,没有了河姆渡文化遗址,该怎么来表述中华民族的历史呢?如果推平或任由闽侯县石山文化遗址毁灭,那去哪里寻找福建的六千年历史呢?戈林山遗址告诉世人:"长泰有人类活动的历史至少已有三千二百年以上了。"这句话,又该用多少经济价值来计算呢?

文昌丹照　◎ 陈章汉

"山不在高,有仙则名"。刘禹锡的这一至理名言,不意间在长泰县找到个美丽注脚。那山叫"石冈山",高不及百米;那"仙"是一座古建筑,先是一座塔,后是一座楼或称阁,因屡建屡毁,又屡毁屡建,而充满了传奇色彩。

石冈山距城关不过二里许,与城里的罗侯山对峙。自罗侯山上建起了儒家"学宫",相望的石冈山便被誉为"案山"、"文峰"。石冈山于宋初建有寨堡,称石高寨,形同拱卫县城的一个忠实岗哨。据珪塘叶氏家谱记载,宋景定年间,叶氏县尉在石冈琴堂上筑有一塔,多大规模、用何材料,未及确考。倒是乾隆年间的县志记载,明万历曾有二尺见方的古砖于此出土,上有墨迹"宋景定元年埋",并识一谣:"石冈平,四山明,文星现,贤才生。"可知在这偏远的山乡,早早就有了尊儒崇文的民愿。至明正德年间,科举之风日盛,而收获未丰,朱氏知县嫌如案的文峰锋芒稍欠,便将南津桥的镇桥石塔移建于此,以登顶凌虚,雄睨远近。于是有了嘉靖县志对石冈山建塔的最早记载。

文昌塔,位于石冈山上。正德十四年(1519年)将南津桥镇桥小石塔移建山上,为石冈山建塔之始。万历九年(1581年)改为两层楼阁,又称文昌阁。

这世界毕竟是金、木、水、火、土合股经营的。石塔纵然镇得了河妖,却未必能安靖水火。爱走神的老天爷,有时竟忘了庇护此方生民净土,一忽儿暴雨,一忽儿雷电,一忽儿水潦,一忽儿火情,轮番袭击,感觉真就要降大任于斯民,而先劳其筋骨,摧其意志。好在长泰人自有达观而坚忍的从容性格,常能自制于痛心疾首,习惯于屡败屡战,于是有了石冈塔五毁六建的悲壮故事。

君不见,明万历初年,水潦冲崩,坑堑百丈,石冈山北坡毁为沟谷。张氏县令带头捐俸,筹措民资,并延诸博士弟子督办工程,合力修复。因土方未

探寻历史遗存

7

实，几场暴雨肆虐，连坡带塔又告毁圮。万历八年，方姓县令顺应民意，带头捐款筹资纠工重建，翌年竣工，塔变为阁楼，土木结构，分上下两层，阁中祀文昌神，楼阁称文昌阁，又号文昌楼、魁星楼。民众信乎"文昌理文绪，进功贤，祷必应"，众学子亦笃信至诚，倍加努力。翌年乡试长泰恰有六人中式举人，众皆以为文星果然灵应，为之振奋，文昌阁于是声誉鹊起。

明万历二十六年，土筑文昌阁受风雨侵袭而严重受损，信奉文昌君的诸缙绅弟子们不敢怠慢，争相鸠材抢修，原来的土墙改用砖砌，使文昌阁更其坚固。此后多次风雨地震袭扰，皆无大碍。却没想到半个世纪后，竟又逃不过清顺治八年的雷击之灾，损坏严重。十年后，乐善好施的邑人戴氏，与乡人共襄重修盛举，文昌阁得以重光。又过了两个十年，文昌阁再次毁于雷击。这次打击，半个世纪才回过神来，于雍正九年，由县学庠生王氏等诸同窗筹钱重兴。此次修建历时三年，精雕细琢，规制更具特色，为八角楼阁，双层，下层墙体用石块垒砌，上层则以砖头砌就。装饰也颇见用心，下层挂匾，题"文昌阁"；上层挂匾，则书"奎璧齐辉"。文昌阁以空前风采，增山峦之胜，可以说进入成熟时期。

然而任何有形的建筑，都不可能一劳永逸。过了百多年后，文昌阁又老态龙钟。民国时期仅存下层，上世纪中叶虽有县议员提议重修，但因时局

清晨，园艺工人在文昌阁下龙津溪畔公园为植被浇水。

动荡、经济衰落，而未能如愿。到了50年代，文昌阁全部倒塌，石料被移作他用，散失殆尽，仅存地基遗址，与衰草同休。文昌阁的第六次重兴，是在新世纪前夕。时政通人和，经济复苏，政府的文物意识不断强化，民众的怀古情结也日渐浓烈。而人心齐，泰山移。全县上下都期待长泰大地文运恒昌，文昌阁的呼之欲出便成为可能。果然，经一年多的戮力建构，细心摩挲，溶古今风格于一炉的新文昌阁，便翩然降临于石冈山原址之上，其规制、设施、装饰水平均超过以往。正所谓后来居上，更上层楼。

不由得联想到少年白居易笔下的"原上草"。你看野火怎么也烧不尽它，春风一吹又全都起死回生。多么伟大的春风啊！又多么伟大的原上草啊！草很贱，因而无比顽强，任何情况下都不殒生命的希翼。问问这座失而复得的文昌阁，它肩负着长泰人民什么样一种不泯的寄托呢？也许"文昌"二字，正是谜底。

登石冈文昌阁
[清]杨国正

仗策穿云去，飘然执与从。
径随危阁转，花遇武安封。
断壁留芳草，无禅静毒龙。
昌期应再遇，奎宿聚文峰。

杨国正，原名国祯，字珍山，长泰石铭里前湖社（今属坂里乡）人。杨国正出身贫寒家庭，刻苦力学，精于文学，为清康熙三十七年（1698年）贡生。他敦行孝友，事父母至孝，对亲友至诚，为人慷慨享有声望。晚年任讼师，为穷苦百姓代言。

探寻历史遗存

文昌长泰【海峡二十七城市历史文化系列】

附：

重建文昌阁记

　　长泰建县始自南唐，初属泉州，后归漳郡。漳属现存千年古县有二，泰居其一。定县以降，英才辈出，尊师重教，蔚然成风，虽无江浙之盛，却为八闽瞩目。

　　泰城之南，有山名石冈，高不足百米，宽不过千尺，却以文昌一阁名闻遐迩，成为长泰乃至闽南一带著名人文景观。是阁四百余年历经四兴四毁之更迭，足见为泰邑士民之所独重。时逢盛世，百废俱兴，重建文昌阁之呼声日隆。县委、县政府顺应民意，倡重建之议，海内外有识之士慷慨解囊，广大民众踊跃捐资，不数月集资近百万，命热

心公益诸君董其役，历晚周载，巍巍文昌重现于石冈之巅。阁三层高八丈有余，装饰之精美，工艺之超凡，冠乎古今。登阁远眺，壮丽河山，尽收眼底，不论晨昏，或阴或晴，时移景迁，各展其胜，远山近水，交相辉映。阁之四周，本邑历代英才石刻图录镶嵌其间，弘扬先贤之德而激励后人之志，更显重建此阁立意之高远。

　　当此文昌阁重建竣工之时，勒石以记，诚望此阁之建成，能促进长泰县尊师重教传统之延续，文化教育之繁荣，古县遗风，山高水长。

农历庚辰年冬
重建文昌阁筹委会

长泰"至圣先师孔子神位"牌 ◎萧何

长泰县城关，有一武庙（即关帝庙，因与古代城内的武庙相区别，本地人又称之为外武庙），香火颇旺。这里供着诸多神仙圣贤，除了关公大帝外，居然还有孔子大人。孔老先生按理不属本系列，为何会来到此处？据说，那是1960年6月9日，长泰遭遇大洪水，从城里漂来了一块孔子的牌位。村民把它拣起来，供奉于此，而此物的原住地——文庙早已渺无踪迹。这块镌刻着"至圣先师孔子神位"高近六十公分的牌位，饱经沧桑，已有一定的年头了。

它唤起了我对长泰文庙的浓厚兴趣。查阅典籍，一段记载着千年古县的文化历史油然幻出。城内原有一座文庙，位于县署（今政府办公大楼）东面，始建于宋朝，明嘉靖四年（1525年）扩建，广六丈四尺，高四丈二尺，富丽壮观。后毁于火，清顺治年间（1649年）重建。今已废。文庙的原址就是现在的长泰宾馆。

文庙是中华民族文化的最重要象征，也是喻示一个地方人文历史的标志性建筑。长泰已有1052年的历史（置县于公元955年），但让人感慨的是，今天能看到的千年历史的真正遗迹已经十分罕见了。1052，如此让人骄傲自豪的数字，也变得苍白无力、枯燥无味。有时甚至反而让人觉得脸上失去了光彩，有今人不如古人之感。人类文明如果没有了物质文化和非物质文化遗存的证明，即便有数千万年的历史，也都将成为白纸一张。好在今天，人们开始关注起历史遗存了，不久前在北京举行的非物质文化遗产展览活动，门庭若市，得到无数观众的热挺，无疑是一个好的征兆。

长泰历来有"荒年半饥、灾年半收"的说法。肥沃的土地和湿润的气候，

邑有文庙，古也。居县署之左，龛陋湫隘。明嘉靖间，司理黄公直，辟地而恢之，费金钱万五千有奇。堂帘肃穆，门庑章焕，悬栋飞甍，崇闳巍峦，煌煌焉堪为诸郡最。岁癸未，暨泮宫尽毁于回禄，当事者谋复之而未能也。

[清]柴允钦《重建文庙记》

11

使这里不亚于"俄罗斯的乌克兰"。人少地多的天赐之幸,让生活在这里的人们,享受着现代社会极为难得的悠闲和舒心。历代人才辈出,也为这里的历史文化积淀之深厚提供了条件。按理说,农耕经济是保护生态和历史文化的最佳载体。但与全国广大农村一样,在经历了历次反封建反迷信反文化运动之后,千年的历史遗迹也无奈地告别了这里。庆幸的是,在民间,还保留有比较浓烈的保护历史文化的社会意识。就像前面提到的孔子牌位一样,拾到者没有把它当柴火烧了,也没有把它当作自家的宝贝藏起来,而是让威严的关帝时时刻刻守护着它,让它坦然面对世人的顶礼膜拜,这就是一个了不起的文化关怀。

也许,这就是人们发自内心的对圣贤的敬畏。今天,我们缺少的不就是敬畏之心吗?人有了敬畏之心,才可能有守法之举。长泰从古至今民风淳朴社会安定生活安宁,与百姓心中常怀着敬畏之心是有联系的。当然,工业化必然也带来了一些反历史反文化的冲动,对此,我们虽无法阻拦,但不能视而不见,而应当更加主动积极地去唤起潜藏在人们心底的对文化和历史的敬畏之心,加以抵制和消化因工业化进程带来的负面影响。

清顺治四年(1647年),浙江人柴允钦到长泰任知县,便倡议重修被大火烧毁的文庙,事毕之后,他写了一篇《重修文庙记》,不仅记述了倡议重修的经过,而且透露了这样一个信息:当时有人反对重修,理由是,当初(指明嘉靖四年)重修文庙,是因为"海内无事、县官衣租食税。郡邑偶有兴作,朝疏上而夕报可。"是"时之为也"。而今天的情况则大为不同,政府没有费用,又缺乏建筑材料,因此,搞不好会"谤讟嚣嚣盈道路",

长泰外武庙

用今天的话说就是"民怨沸腾"。但柴知县不以为然。他认为，"世之垂绅组而縻廪饩者，因凭藉六籍以自迈者也。读其书，则思宗其人，美宫墙而骏奔之，乃其所耳。且泰之聚族而处者，无虑千余家。都丰食厚，鲜衣怒马，琨耀州闾之间，居然杜陵韦曲之豪习也。乃于尊师重道之举，靳勿究图，亦可异矣。"大意是，虽然政府没有足够的财力来做这件事，但百姓大多生活无忧且宽余，况且修文庙又是尊师重教之事，相信会得到民间人士的大力支持。于是，他毅然"以禄入七百先，而乡士大夫、自豪家巨室，各计资若干……"一句话，身先士卒，借助民间的力量，"役起于己丑嘉平，竣庚寅季夏"。两年之内，这项工程就搞定了。而且与上一次的工程"费金钱万五千有奇"，规模"煌幌焉堪为诸郡最"相比，只"废五千有奇"，然"较前糜，既俭而雄丽有加焉"。这不能不说是一个节俭又到位的文化工程。

看来，柴知县抓住了文化的作用，文化在百姓心目中的地位，文化在民间所能激发的力量，多快好省地做了一项功在当代利在千秋的好事。

什么是历史？什么是文化？城市文化怎么建设，乡村文化又在哪里？这是困扰着我们的问题。文化资金谁来投入，文化工程谁来建设，对许多还不是特别富裕的地方政府来说，更是一个难题。即便建起来了，有时百姓还不买账，文化场所门可罗雀的现象不时可见。其本质的问题是，没有认真思考过什么是文化，是否抓住了当地百姓最需要的文化项目，是否善于从当地的历史文化资源入手来做文章。文化的本质是创新，创新的关键是独特和差异。如果不尊重这个文化的基本规律，强迫命令，千篇一律，把一种非常个性化、自由度非常高的精神消费，变成了一种枯燥的强制，把一种春风春雨持久滋润才能形成的文化素养和文化积淀，变成一夜之间生根发芽、甚至抽穗结果的急功近利的形象工程，无疑是缘木求鱼。而把文化视为本来就是百姓的知识和财富，政府的作用只是引导和策划，通过项目形式，调动社会民间资金的参与，也就是我们今天所要倡导的文化社会化和产业化，则是实现一个地域文化繁荣发展的不二法门。数百年前的长泰知县用自己的实践，早已为此做了一个很好的示范。

遥望县城东南方向的石冈山，象征着长泰地灵人杰的文昌阁正在晚霞下熠熠生辉。文昌阁，正是长泰人延承传统，在党委政府的号召下，在21世纪曙光即将来临的时候集资重建的。又听说，长泰人为孔老夫子找一个更为妥帖的住所的设想即将成为现实，长泰人在我眼里，又高大了许多。

老去了的牌坊

◎ 沈世豪

中国牌坊多。

仅是小小的长泰县，据记载，就有72座。其中建在县城范围内的有59座。岁月沧桑，时代更迭，现在只剩下三座了。

老去了的牌坊，由北向南，依次伫立在长泰县城关的中山南路上。这里曾是古街，尧舜不知何处去，只见两旁小店如织。骑着摩托车或自行车的芸芸众生，旁若无人地在牌坊下穿行而过。在封建社会，牌坊是十分庄重的纪念性建筑，绝大多数是皇上恩赐的，用于纪念当时、当地有影响的地方官员和上了档次的忠、孝、节、义人物。与其说是褒奖，不如说是宣传、弘扬封建社会被视为精英者的道德、情操、思想、文化。因此，可以毫不夸张地说，每一座牌坊都是一页凝固的历史，有辉煌，当然也有血和泪。那是浩淼高远的历史天空中落下的巨大的惊叹号！

三座牌坊，都是明朝时建的，用的是上等花岗石，四百多年过去了，看尽人间的悲欢离合，是在不懈地守望，还是耐心地期待？石无言，风雨潇潇，依稀在向所有的后来者倾诉，倾诉遗落在此地的传奇。

最值得人们重视和注意的是祖孙执法坊。它是1595年为长泰籍进士、都察院右佥都御史戴时宗和戴时宗的曾孙、进士、监察御史戴熿而立的。一座牌坊，纪念祖孙两代的执法者，表彰他们的高风亮节和公正威仪，全国少有，或许，仅此一座。在全国老百姓急切地呼唤严肃法治的今天，这座牌坊的价值和意义，很不寻常。细看，牌坊的设计，巍峨而厚重，四柱三门式的造型，洋溢着浓郁的民族气息。牌坊高达8.8米，面宽7.6米。中屏装有长方型的大石匾，刻写着"祖孙执法"四个大字,每一个约一尺见方。字体敦厚而不乏刚劲,笔墨如刀,记载着应当让长泰人引以自豪的历史。

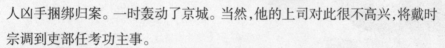

戴时宗,字宗道,号梁冈,古代长泰彰信里(属于今天的陈巷镇)人。他最值得人们赞许的是刚正不阿,不畏权贵。史载,明朝正德九年,即1514年,登进士,当上了刑部主事。京城里的锦衣卫,依仗皇家的无上权威,专横跋扈,肆意杀人。死者的家属上告到刑部。刑部尚书等主政的官员害怕得罪了皇上,只是假惺惺地发了"逮捕"的空文,就不了了之。当时,戴时宗的官位并不高,但出于正直和义愤,便根据逮捕令,亲自带兵,将杀人凶手捆绑归案。一时轰动了京城。当然,他的上司对此很不高兴,将戴时宗调到吏部任考功主事。

性格决定命运,古人也是如此。戴时宗的耿直,让人惊叹不已。有一回,明朝正德皇帝朱厚照计划南巡。戴时宗考虑到实际情况,与同舍郎张衍庆等上疏,劝告皇帝取消劳民伤财的南巡之行。皇帝大怒,戴时宗被拘捕,罚跪三天,杖刑三十。如果是一般的人,遭此厄运,应当有所收敛,但他依然故我,在以后的为官过程中,同样是一块硬骨头。在担任都察院右佥都御史等职务期间,书写了不少足以载入史册的篇章。

山自为源。戴时宗的性格很有点代表性。古人云:仁者爱山,智者乐水。山清水秀的长泰,出现戴时宗这样的先贤,是有着深厚的地域文化背景的。让人感到惊讶的是,若干年后,他的孙子戴燝,居然继承了其曾祖父的精神、气质、禀赋,在史册上同样留下了精彩的一笔。

戴燝是明万历十年即1582年中举的,四年后登进士。最初出任巡按上江并理漕江务,这个差事大概有点像我们今天的航运局。他一心一意整饬漕务,使码头林立的漕务秩序井井有条。不久,被派到贵州负责督理学政。他一到任就整顿文风,认真抓好地方教育,亲自授业学员,奖励努力学习上进的学生,取得了显著的效果。在任上,他同样不畏权贵,坚决抵制那些想通过不正当方式进入仕途的恶劣风气,因此得罪了他的上司,被改任参议,

文昌长泰

【海峡二十七城市历史文化系列】

并派到少数民族杂居的松藩地区整饬政务。那里匪患严重,民族矛盾尖锐而且复杂。他精心治理政务,正确处理民族矛盾,很快就扭转了局势,致使该地出现各民族和睦相处、社会安定的大好局面。戴燝因政绩突出,被提升为宪副,负责镇守西南重镇成都。他不乏雄才大略,以强有力的措施平定叛乱,名震朝廷,被升任为四川按察使。

祖孙两代人,同为执法官员,皆做出不凡的业绩,实属历史上非常罕见的事情。当然,他们的命运有所不同,戴时宗是因为朝廷内部的矛盾,而被削职为民,回到家乡,这是腐败的封建社会经常出现的事。戴燝最后是因公殉职。莫道风流总被雨打风吹去,岁月匆匆,飘逝的风雨,淘尽了千古多少英雄。他们的生命、追求、业绩化为了这座老去了的牌坊。有道是:石在,火种就不会熄灭。历史的种子,播撒在时光的土壤里,也会萌芽、生长、开花、结果的。一个伟人曾经满腔豪情地唱:萧瑟秋风今又是,换了人间。

老去了的牌坊,一首不凋的歌。唱落了无数的日月星辰,也同样会唱出清亮亮的蓝天。

长泰牌坊多建于县衙前或主要街巷处。历史上,长泰先后建牌坊72座,其中木牌坊2座,石牌坊70座(小牌坊不计在内),建于县城59座。今多数牌坊被拆毁。仅存中山南路的三座石牌坊,分别为祖孙执法坊、春风桃李秋水鱼龙坊和解元世科坊,均位于今武安镇中山路中段。

解元世科坊

建于明嘉靖七年(1528年)。石仿木结构,高10米,六柱三门式。面阔3间。次间为两根石柱侧脚支撑屋架,单檐歇山式屋顶。正面匾刻"解元";背面匾刻"世科"。此坊为解元薛炳、举人薛春所建。

春风桃李秋水鱼龙坊

建于明万历四年(1576年)。石仿木结构,二柱一门式,单檐歇山式屋顶,两柱上有普柏,坊上置栌斗。斗拱均出挑,额枋下有龙形雀替,柱方形,正面匾"秋水鱼龙",背面匾"春风桃李"。面阔4.34米,通高7米。此坊为历科进士举人建。

祖孙执法坊

建于明万历二十三年(1595年),石仿木结构,四柱三门式,中楼为单檐歇山式屋顶。正脊中央置葫芦,两端饰鱼尾状氏鸟尾,正中石匾阴刻"祖孙执法"四楷字(背面同)。石料硕大,柱为方形,四边倒角,梁为琴面式,枋穿插于柱间,雕刻细腻。通面阔7.6米,明间阔4米,次间阔1.8米,通高8.8米。此坊为戴时宗及其曾孙戴燝所建。

千年古刹天竺岩

◎ 王海侨

在长泰县东北部,横亘着一座山峰,形似凤凰低翔,人们称之凤凰山。凤凰山的南麓,耸立着一座千年古刹——天竺岩。这是长泰县现存的最古老的建筑,也是漳厦地区现存的罕见的唐代岩寺。

天竺岩历史悠久。长泰县民间曾流传一句话:"先有天竺岩,后有长泰县。"天竺岩的历史,可从建置长泰县的公元955年再上溯296年。

据史籍记载,在长泰县梁冈山周围一带,曾建有五座岩院,最早的是贞

17

观三年(629年)修建的栖云院,而后有永徽元年(650年)修建的龟洋院和东岩院,有永徽五年(654年)修建的梁冈院,还有显庆四年(659年)修建的天竺岩(现仅存天竺岩,另四院俱废)。由此可知,天竺岩已有1347年的历史。如果将天竺岩与闽南名胜平和三坪寺、安溪清水岩、白礁慈济宫比较,创置历史亦显久远。

天竺岩位置奇特。它建于凤凰山的"凤头"处,岩寺两侧山峰对峙,山坡林木苍郁,翠竹成荫,一股清泉水常年不断从岩寺边流过。天竺岩的前面是一条倾斜度较大,向东拐的山谷,岩寺门前有个埕,埕的左右侧各有一个水池,意为"凤凰双眼";埕前是个低洼处,原来是个大水塘。站在岩寺向前望,约两百米处横亘着三列山峰,由近而远,逐列升高,更奇妙的是这三列山峰分别有两个、四个、六个隆起的小山包,依次罗列,轮廓分明,望之如波浪相叠起伏,又似云朵飘浮。天然奇景,增添了天竺岩环境的恬美和幽趣。

天竺岩构筑古朴。它是一座类方形的建筑,前后深12.6米,左右宽12.4米,建筑面积162米。岩寺分为前后两进,前为门厅,后为正殿,因其依山势而建,前厅与正殿地面落差2.2米,天井两旁分别建了九级石阶连通前厅与正殿。前厅的左右侧为钟房与鼓房。正殿是个宽敞的厅堂,由八根圆木柱支撑屋顶,柱梁粗大,厅堂少有装饰性的图雕,体现了唐代建筑朴实、庄重的特色。岩寺的墙是用红土夯成的,在墙面曾留有许多无名氏题写的诗文,因年代久远,大部分诗文已字形难辨,而一些劝人为善的哲理诗、吟咏山水的抒情诗,却在当地百姓中世代相传。深山古寺留佳句,增添了天竺岩古朴的文化色彩。

唐代起，长泰境内佛教开始盛行，相继建了十多座岩院。民间还建了不少祀奉神明的寺庙。其中规模最大的是建于县城的孔庙，形成了建筑群，规制宏伟，装饰华丽，在闽南享有声誉。由于历史变迁，孔庙的建筑物相继被毁。今境内现存的寺庙古建筑有136座，均保留着古代的建筑风貌。

天竺岩附近有个小小自然村，人口仅110人，村名也叫天竺岩。村名与岩寺同名，确实罕有。而更令人觉得稀奇的是，这个自然村出生的人都姓"僧"。考究天竺岩村的形成与"僧"姓的缘由，原来在清朝光绪年间，因兵灾匪祸，民不聊生，天竺岩香火稀少。该岩寺住持梁顺连为了延续天竺岩的香火，便想了一个办法，在天竺岩附近建一个村庄。经与山下平原大村落的族长协商同意，梁顺连便还俗娶亲，繁衍后代，所传子孙取姓为"僧"，并将开创的村庄命名为"天竺岩"，寄望村落与岩寺齐名长存。果然，僧姓子孙的传衍和天竺岩村的形成，天竺岩的香火得以传承。

探寻历史遗存

文昌长泰
【海峡二十七城市历史文化系列】

五里清风亭 ◎ 伊峰

五里亭，又称却金亭，在县境西南与龙海郭坑接壤处，古驿道由此经过，距城5里。亭始建于明永乐年间，后又经多次修建。亭为长方形，由8根石柱承托亭顶，四面无拦墙。今亭基本保存较好。

"十里一长亭，五里一短亭。"古驿道上的亭子大凡如此。杜甫诗云："远送从此别，青山空复情。"这似乎成了驿亭的真实写照。纵观全国的地名，称"五里亭"的地方颇多。

据《长泰县志》记载："南至龙溪县五里，以五里亭为界。"可见在交通不发达的古代，长泰五里亭占据着重要的地理位置，小小的驿亭，不知迎来送往多少游子征人、文人墨客。自古以来，这条驿道一直是长泰县通往外界的主要陆路，选址此地作为官亭，主要基于环

境的原因。亭子坐东朝西，背依龙船山，面临古溪寨，南北是低缓的山垅，空气清新。亭子四周果树成荫，环境优美。新官上任，此为受人迎迓的首站；旧吏离职，此为黎民送别的终点。五里亭始建于明永乐年间（1403－1424年），由县城人蔡志倡修。

此亭曾经沉默于你来我往的人迹中，冷眼于汗水飘洒的季节里，就像许许多多难见经传的驿亭，作为一种人类的需要而存在。有道是"山不在高，有仙则名。"五里亭的显名，却是得益于一个百姓交口称赞的好官——赵佩。透过厚重的史册，是那铮铮男儿的拳拳爱民之心："尔在治之民，善恶

不同。我朝庭之法，劝惩亦异。今后务舍旧图新，各安生理。以孝悌为先，以和睦为尚。以耕读为安荣之计，以勤俭为起家之本，毋胡作非为以罹法网。本职前任参军，无敢以贪墨自玷，矢诸天日。今令兹邑，决不容私。"言必行，行必果。赵县令励精图治，体恤民情，与民同乐，一时政通人和，百姓安居乐业。天下没有不散的筵席，离职在即，赵县令盘缠困乏，令知情者不禁为之动容，于是就在此地上演一出"子民赠金"戏，却以"赵公二次却金"为结，时人感念赵公高义，称此亭为"却金亭"。赵佩青史留名，亭子的声誉自然更高了。

"江山留胜迹，我辈复登临。"五里亭在历史的轮辙下，依然气势恢弘，也让长泰邑人铭记在心的是明万历二十七年，新任长泰县令的管橘。"扶持自是神明力，正直原因造化功"。县令管橘勤政扬善，"却金亭"的失修破败，贼患数传，令同样爱民如子的管公如鱼梗在喉。于是以身作则，自捐纹银三十两，发动邑人重修五里亭，并于亭东修"善世岩"，供奉观音，于正殿题写"善世法堂"，在大门题写"闽南福地"，召僧人住持佛事，并建了店面六间用来经商。有碑文为证："历年滋多，郁彼荆积，行旅宵征，潜伏奸宄。""肆我管侯，视民如子，车辙经过，徘徊徒倚，周爱咨诹，捐俸更始。福地聿新，法堂善世。龙象庄严，凤甍蔚起。爰购香田，祝厘守祀。村居稠集，攘夺消弭。即次以安，乐郊可恃。"（明代监察御史戴燝《管侯新建五里亭颂》）

"人事有代谢，往来成古今。"五里亭几经盛衰兴败，在管橘之后，清朝县令方镇、张弦绪、张懋建曾相继重修。碑林中的文字引人驻足留观，亭中立碑三座，一为"大尹洪公爱民父母碑"，一为"邑侯父母方老爷爱民去思碑"，再有一座是

21

"世德碑记",无一不是颂扬清官的事迹。这代表的是老百姓最真实的愿望,足以让后来者"勿将得失多思量,休教无德人轻慢"。

如今,春花烂漫,秋果溢香,走进山门,那尊高达数米足踏莲花的观音大士慈颜端庄,使人心生敬意,檀香飘绕,善男信女虔诚膜拜。亭内,一副副对联寓意深远:"寺荣千秋至今灵圣传四方,亭建五里自古传闻成佳话","善世岩里观音慈悲渡众生,却金亭里赵侯清廉为黎民","龙蟠虎踞,福地千秋留胜迹;狮舞蛙鸣,菩萨万代显圣灵"……

五里亭已成为一处富有价值的人文景观。

铜钟

该钟铸于明洪武十二年(1379年)十一月。质地青铜,由体腔和虎形钮组成,可悬挂,敲击声音洪亮。通高1.43米,体腔底径0.87米,重约300公斤。钟外表铸有铭文,除木锤撞击处外,文字可辨。该钟为县城祥光寺所铸用。保存完好。

清代长泰县印

印为铜质,印面呈方形,边长6.7厘米,印体厚1.9厘米,有椭圆形柱直钮,高9.2厘米。印面有宽0.6厘米的边框,从左至右,用汉文篆书、满文楷书、满文篆书,各写"长泰县印"四个字。印体两侧有汉文阴刻,为"咸丰四年十二月"、"咸字一百九十五号",印钮两侧有满文阴刻,为"长泰县印,甲寅年造","长泰礼部"。该印保存完好。

抗倭遗址林墩寨

◎ 蔡宏华

三月的"林墩寨"充满唐诗宋词般的意境，令人神往，令人流连。你看，那粉红的桃花，在春风的吹拂下竞相开放，争嫣斗艳。蓝天丽日之下，如霞似彩的桃花，与寨中的座座农舍，构成了一幅秀美的彩墨画，令人百看不厌。踏上古寨的石板路，揭开历史的幕布，桃李不语、下自成蹊的林墩寨，有着战场的恢弘，有着志士的豪迈。抗倭遗址林墩寨书写的是一部民族战争史。

古寨遗址

群山环绕的林墩是一片神奇的土地，龙津江及其支流在这里交汇，河谷中几座不高的岗埠构成奇异的地理景观：虎、狮、豹、象、麒麟"五兽听琴"，惟妙惟肖，林墩寨就建在麒麟山上。寨上古木扶苏，空气清新，具有浓厚的乡土气息。虽然由于历史的变迁，早已看不清东门和西门的真实模样，一些条石业已成为村子的路基，但是透过保存完好的南门，依然可以感受到当年雄伟壮观的风采。

明嘉靖三十八年（1559年），倭寇大肆入侵林墩地区，烧杀掠夺，为了同胞不受外侮，有志之士拔剑而起，那个名叫林承休的青年率先举起抗倭战旗，立下"不驱倭寇志不休"的志愿，各方丁壮纷纷响应。在林承休的领导下，组建起且农且武的地方团练，以其所在地"高安"为名，称"高安军"。高安军在六年抗倭斗争中，四次保家四次援外，歼寇二千多人。当年的林墩寨旌旗高扬，习武成风。在"高安军"迅猛出击的喊杀声中，在林墩百姓喜迎凯旋的锣鼓声中，中国人的勇敢与执著一览无余。那时，作为"高安军"的发祥地和大本营的林墩寨，有一股鲜活涌动的血液。

从南石寨门遗址拾级而上，映入眼帘的是其门旁不远处的那座用条石交叉垒就的高安军抗击倭寇的火铳枪眼，蹲身从碗口般大的枪眼望去，对面绵绵的群山清晰可见。不难想象，居高临下的"高安军"如何把愤怒的

古代宗族多在村落或附近山峰险要地点筑造寨堡，以防猛兽、外敌入侵。寨堡就地取材，以石或土垒墙。长泰境内有寨堡近百处，较大型的古寨有20多座。其中一些寨堡在明代抗倭斗争中，发挥重要作用。

探寻历史遗存

23

林墩寨，属长泰县古善化里高安地（今坊洋镇），位于林溪村，明嘉靖年间建。是明朝高安军抗倭的遗址，距今已有四百多年的历史。林墩寨海拔130多米，面积近20亩，四周的城墙均用条石垒砌而成，高3—5米，厚达1.5米以上，东、西、南各有三个石拱形寨门，南为正门。现部分分寨保存较好。

炮火与利箭射向可恶的外侵者，而侵略者又是怎样在我中华儿女有力的自卫反击中，丢盔弃甲，落荒而逃。林墩寨告诉我们，无论何时何地，每个华夏子孙都应具备顽强的秉性，争回民族的尊严。

古石寨的那座古厝，仿佛在向后人诉说一段腥风血雨的历史。两根石头旗杆在古厝的前面耸立着，据说高安军曾将其用来插军旗。古厝后面的园子里保留有一个八角形的石臼，传说是林承休赴宴归来时遇雨顶在头上带回来的，这种八角形的石臼在闽南地区已属稀罕之物。不久之后的明嘉靖四十二年（1564年），十三省巡案林秉汉便出生在这座如今渐显龙钟之态的古厝之中。

寨里的古龙眼树堪称一奇，树龄都在三百年以上，是一处罕见的龙眼古树群景观。龙眼树枝叶遮天蔽日，冠盖如伞。一年四季树影婆娑，鸟儿欢歌，悠悠成韵。最为神奇的是，数百年的岁月里，墙上的石头居然被树根"吃"进"肚子"里了！

寨里面的道路也别具特色，大多用石板铺成，弯弯曲曲，高高低低的通到每户门前。石板路旁还修砌明沟暗道，即使是大雨倾盆，也无泥泞之苦。

如今的林墩寨成了一处爱国主义教育基地和文化生态旅游景点，在古寨的制高点上，竖立着一座高大的石碑，记载着"高安军"英勇抗倭的丰功伟绩。

"万里穿云燕，归巢恋旧枝。家乡甜水井，何处不相思。"这是散文大师秦牧题赠海外亲友的诗句。我们期冀我们的子孙后代，即便离家有多么遥远，也要永远记住我们悠悠的古寨，记住我们精忠报国的先贤。

奎璧齐辉楼 ◎ 陈华

"有一个美丽的传说，精美的石头会唱歌。"会唱歌的石头究竟唱了多少歌呢？在长泰的林墩，会唱歌的石头正夜以继日，日以继夜地唱着。说起现代的石材业，长泰首推林墩，在林墩，机器的步履匆匆，运输的队伍绵长，石头业让一座座小洋楼平地而起。有一座石楼，在晨钟暮鼓的更替中，聆听着岁月滴落的声音，见证着林墩的演绎与变迁。她就是林溪村的"奎璧齐辉楼"。

南靖的土楼，令人遐思不已，她的浑圆，她的内敛，她的中和，吸引了多少艳羡的目光。虽然"奎璧齐辉楼"没有田螺坑土楼的恢弘，但造型奇巧的古石楼，"麻雀虽小，五脏俱全"，与土楼有着异曲同工之妙，也是一道不可多得的风景。

暂且不论石楼的精美，时间定格在清道光元年（1821年），那个历经生活艰辛的林溪村农家汉子林天定，以一股初生牛犊不畏虎的气势，毅然决然弃农从商，他相中的是当时的烟草市场。自明朝万历年间，"醉人无藉酒，款客未输茶"的烟草传入中国来，抽烟的人多了起来，有钱的抽上档的，穷苦人家也能抽上低劣的，人来客往，有烟好办事。而古善化里（今枋洋镇）土地肥沃，土壤适合烟草的生长，当地出产的烟草质量上乘，销往外地，供不应求。机遇无时不有，关键在于个人的把握。多数人还在"小打小闹"地销售自家种植的烟草时，林天定已带领自已的五兄弟在"驴骡古道"的铃铛声中，成为富甲一方的烟行老板。

如果说历史是一本等待后人阅读的书，那么林天定最大的辉煌，便在于今日尚存的"奎璧齐辉楼"。此楼最大的亮点，就在于她"易守难攻"的超

楼

宋、元、明时期所建的楼多在县城及天柱山、天成山、石冈山。主要有大成楼、崇文楼、西城楼、捧日楼、环珠楼、魁星楼、文昌楼、万石楼、观海楼。明末至清朝，为防贼盗，农村相继建了一些土楼、石楼民居，十几户、几十户人家共居一楼。因这种楼房坚固，防守设施严密，有效地维护了居民生活安定。现保存较好的土楼、石楼有上洋楼、泰芳楼、奎璧齐辉楼、登第楼。

探寻历史遗存

奎璧齐辉楼，距今已有180多年的历史，据传当时楼主是林墩农民林天定。古楼为土石木结构，楼高10米，楼长27.3米，楼宽各25.4米，建筑面积693.4平方米。为石构方形四合式二层楼阁，楼中留有天井，天井中凿有一口水井，井水清甜可口，楼设四厅、28房。进楼只有正北一圆拱石门，门楣上镶有刻写"奎璧齐辉"的石匾，二楼右侧一扇小门，门楣装有"迎薰"石匾。后厅堂铺设石梯可供上下，楼上设环形走廊，行走顺畅。总体结构宽广壮观。据测算，该楼用石料约1200立方米。

强防御性。遥想当年，时有外侵，居家必安，福泽子孙等观念根深蒂固地扎进人们思想深处，建一座坚固耐用的房屋，是件光宗耀祖的大事。我们仿佛看到楼主正潜心酝酿，诚聘技师，积极运作。其仅有一个圆拱正门的一楼，与闽南地区的普通民居相比，实属异类，因为普通的闽南民居均有一个正门、两个边门，奎璧齐辉楼此种设计形式让人惊诧不已。以今日观点来说，大概是为了少出纰漏吧！推开厚重的大门，只见上端设有消防水柜，显然是预防有人放火烧门之用，开门时，两条坚实的门闩可藏至厚厚的墙基里面。二楼铺着厚实的木板，墙厚也有90厘米，开有小如枪眼的窗口，是瞭望孔、射击孔，便于用土枪、土炮、弓箭等武器抗击来犯之敌。二楼右侧有扇小门，架一条石通往后山，以备逃生之急。

这座"鹤立鸡群"的"碉堡"式的石楼，是一种标志，她时不时成为父母教儿的现实话题：走出去，前面是个天！至于是个什么样的天，知情者还会经常引用一个传说故事：清嘉庆初年，出门做生意的林天定善意资助一个络腮胡子的大汉，三碗面线糊，一些回家的盘缠。这一下子提升了林天定的人格指数，应验了"好人自有好报"的至理名言，原来，大汉是威镇东南的海盗头子蔡牵，知恩图报是中国人的优良传统，林天定自然可以拿着大汉临走时赠送的小旗，安然航行在自己的生意道上了。

"一夜北风吹裂屋，石楼无耳不曾闻。"如今，从正大门踱入楼内，扑入眼帘的是林氏家族供奉的祖先牌位，无尽的岁月沧桑和隔世的情感抚慰依稀可见。

杨海纪念堂

◎ 何安主

杨海纪念堂坐落于长泰县县城区西北部，坐西北向东南，背靠城区至高地罗侯山，正面紧挨城区建设北路，近临龙津江，位置耀眼。

杨海纪念堂原址为晚唐时出任武胜场（长泰置县前名）大使杨海的故居。杨海在任期间，率百姓开荒造林、兴修水利、设置圩集、减免赋役、发展生产，为长泰百姓办了许多实事好事，深受百姓爱戴，后人尊称他为"武胜公"。为纪念杨海的功德，明中叶，第十三代孙杨复一将杨海原来居住的简陋平房扩建为瞻依堂，即如今的杨海纪念堂。

据史料记载，五代后周显德二年（955年）武胜场升格为县，取名长泰。因距泉州三百余里，官役期会，旅途困顿，钱粮征输，途遥艰苦，且匪徒截劫，人财两亏；杨海从实际县情出发，向泉守林金吾提出申请，奏准朝廷，长泰改隶漳州。舍远就近，长泰百姓叫好称便。长泰县自从划归漳州府管辖后，因县城距漳州仅有二十多公里路，交通近便，政令畅通，加之杨海执政民主，爱憎分明，体贴民情，长泰县呈现一派以人为本，安定祥和，经济繁荣，百姓安居乐业的景象。再之，杨海的随从官员大都从河南一带过来，操

府第祠堂

历史上，境内有不少地方名人、仕宦在县城或祖籍地建府第，各姓宗族也建有祖祠。府第的构筑形式不同，而祖祠的构式大多是四合院式，分前后厅，中留天井，饰有木雕、石雕，屋脊有翘角（俗称"燕子尾"），各命名有堂名（如称"瞻依堂"、"世德堂"、"追远堂"等）。

在长泰，类似的碑刻不难觅见

探寻历史遗存

一口纯正的中古音,因受其影响和传承,中古音在长泰城区得到了很好的发扬光大,乃至今日,长泰城区方言仍然保持较为完整的中古音韵音,是当今研究中古音不可多得的活辞典。

杨海纪念堂历尽沧桑,"文革"期间,横遭冲击,正堂杨海雕像被烧毁,前庭院被征建综合大楼,门厅、正堂改做仓库,杨海纪念堂从此黯然失色。好在这座久经风雨的古建筑原貌尚存。近年来,政府十分重视文物的抢救与保护,组织专门人员对杨海纪念堂进行考查,并拟定了保护、修复的措施,现在,杨海纪念堂已经被批准为省级文物保护单位。

杨海纪念堂原建筑占地面积2041平方米,纪念堂主体建筑面积638平方米,分门厅、天井、正堂、走廊几部分,为典型的歇山式的四合混合结构,外墙均由青砖砌成,门厅面阔五间,为前轩后廊式,由十二支方形木、石柱支撑。门厅与正堂中间为条石辅就的天井,天井设计奇巧,没有开设任何排水孔道,可无论下再大的雨,天井从来未积过水。当地人无不称奇,游人更是拍手叫绝。从门厅经两侧长廊可直入正堂,正常阶石是用大石料板铺就的,长八米宽一米。阶上置有青石香炉,四面浮雕,朝堂大门正面为双龙戏珠,后面为双兔蹲卧,雕刻工艺精美,形象栩栩如生。正堂面阔三间,进深三间,为抬梁式的柱梁檀、斗拱构架,内奉有奇楠香雕刻的武胜公像,门厅悬挂"文魁"、"进士"等匾,厅柱对联为"武胜家声远,弘农泽世长",横联为"清白传家"。楹联遣词造句讲究,音韵平仄有致,意义明朗深刻,对仗工整。在这言简意赅的联词中,给人以廉正宗史家风的许多联想。

孝子正顺庙

◎ 立 秋

在长泰县城南门，有一座元朝建筑——正顺庙。它是百姓缅怀、祭祀长泰历史人物陈耸的地方，寄托了百姓弘扬孝敬长辈优良传统的愿望；也是联结海峡两岸乡亲情谊的一条纽带，昭示着两岸乡亲同根共源，同俗共仰的一段历史。

正顺庙所纪念的是元朝的孝子陈耸。陈耸，既不是叱咤风云的文官武将，也不是满腹经纶的方家名士，而以其孝行被神化并得到两岸人们的认可和敬仰。相传，陈耸有时因公务外出，途中买点心充饥，可一想起家中的慈母，便忍饥节食，留些点心带回家孝敬母亲。据说当时陈耸蒙受冤案下狱，他的母亲熬鸡汤送至狱中。陈耸望而掉泪，把鸡肉、鸡汤退回让母亲滋补身子，仅留鸡骨慢慢舔嚼，没想到自己被鸡骨噎住喉头而亡，时年仅21岁。百姓称颂他为"孝子公"而顶礼膜拜，地方官吏也将陈耸事迹上报，元至正十九年（1359年），朝廷给陈耸颁赐"协顺至对圣英烈侯郎"的封号，民间由此又称陈耸为"英烈圣侯"，也称"圣侯公"，并兴建正顺庙祭祀，以弘扬孝道美德。

当人类还不能完全战胜自然，特别是艰难险阻困厄重重的境地，信仰是一种必要。圣侯公的信仰大约是在清朝时期横渡海峡传到了台湾的。据史书记载，历史上闽台关系极为密切。宋代以降，大批闽人移居台湾，明清时期更是源源不断。乘着古老简易的帆船，搏风斗浪，横渡海峡，一路风波不息，才到达台湾。而在草莽丛生的荒原上开创家园又是艰辛的，移台的先民们就带来了自己祖居地的信仰。为了让子孙后代不忘故土，弘扬传统美德，移居彰化桃源里的长泰人，建起了一座祭奉孝子公的庙宇，把祖地的孝子公尊为地方保护神。从此，长泰的圣侯公信仰在台湾宝岛上生根开花。这样，有了精神支柱的移台乡亲们自强奋斗、百折不挠，将荒原开拓成丰饶富庶的新居。台湾桃源里祭奉圣侯公的庙宇，命名"泰源宫"，寓意长泰与桃源血脉相联，胼手胝足。泰源宫有一楹联：

泰开花县，神威坐镇出孝子；

源溯茗山，功德巍峨拜圣侯。

联语表达了移居台湾的先民对故土的眷念，对孝子公的崇拜，对传统美德的寄望。二百多年来，彰化桃源里的乡亲尊崇圣侯公的传统风俗世代沿袭。

近几年，桃源里的林、陈、王、曾诸姓乡亲，每年都组团回长泰访祖割香，祭奠孝子公。桃源里来的访祖团受到了长泰祖居地人们的热烈欢迎和热情接待。台胞们为崇功报德，纷纷慷慨解囊。这些香火钱除了用于修缮庙宇外，还用于资助勤学奋进的贫困学子。

对长泰历史人物孝子公圣侯公陈耸的纪念活动，进一步加深了海峡两岸同胞的联系和情谊，也更进一步说明了台湾与祖国大陆民间宗教信仰同宗共祖，一脉相承。孝子正顺庙，成了闽台两地，地缘相近，血缘相通，民俗相似，信仰相同的一个真实生动写照。

正顺庙，又称南岳，位于县城南门，始建于元至正十九年(1359年)，为宫殿式建筑，砖、石、木结构。庙分前后两殿，中留天井，殿堂宽敞明亮。庙前有铺石大埕，埕边筑戏台。屋脊饰有双狮抱炉、神龙腾飞、排楼彩阁，为彩釉雕塑。殿堂装饰古朴大方，雕梁画栋，梁檀斗拱间镶装奇兽、异菔等木雕，保存较好。殿堂中凿有一口小水井，水源丰盛，水质甘淳。

走近楼仔厝

◎ 叶小秋

任何一处地方，都有其彰显地方文化底蕴的风物。见过永定土楼，人们总会惊叹于夯土建筑的雄奇和大气。走进长泰珪塘的楼仔厝，素有古代闽越"大观园"之美誉的古民居，则以其仿杭城建筑特色，给人们留下了特别的印象。

楼仔厝，又名祥云堂，位于岩溪镇珪后村。由明末清代珪塘叶氏族人、康熙帝著名宠臣李光第的亲家叶维三，建于清康熙年间。

这是一座石、砖、木混合结构的老厝，6000多平方米的建筑面积，为长泰县迄今发现面积最大的古民居。单檐硬山式屋顶，四进厅堂，还有东、西两厢，五凤三川式的豪华门厅。如此规模宏大、古朴大方的建筑，足以让人对它的主人及其历史渊源产生一种崇敬和怀想。

走进楼仔厝，迎面的是门口那对门墩石鼓，上面的浮雕腾龙骏马、飞鹤栖鹰，形象逼真，造型典雅，显示了高超精湛的雕刻技能和主人家的泱然大气。走进这座坐北朝南的古建筑，南风徐徐。只见厝内厅堂错落有致、宽敞明亮。11厅、13天井、51间房，4个石圆门，31处门路和巷廊门，交相连接，出入方便。石柱础有鼓形，有方形。细看木圆柱上的倒吊莲花柱头和木屏风透上的漏雕花草，图像玲珑精美、别具一格。第三进处有两枚独具特色的石灰匾，镶置于相互对开的门楣上，分别铭刻"东壁"、"西园"四字，构成两幅相互对应的古代书法佳作——暗示本楼东为练武场、西为园林式公园的建筑风格。第四进后面有2个三川门，厝后原为花园、果园、练武场等。西厢为厨房，一口古井仍可汲上清冽泉水；东厢为学堂。尚遗留有清末武举人叶纪庭练武时用的练武石一个，重约两百斤左右，阴刻有"泰祥云堂叶"字样，字迹清晰可辨。如此合理设计，实用又不失美观，令人叹为观止。

站在厝前宽敞的大石板埕前，让人不禁追思遥想起老厝的主人。据说当年叶维三亲手所建的除了楼仔厝，还有另一座姊妹楼，叫"巢林楼"。该楼

巢林楼

又称下楼，在岩溪珪后村，清康熙年间建。楼为土石结构，分内楼、外楼，内楼是3层楼房，外楼由4排2层的楼房环绕内楼而筑。外楼高6米，底层墙用条石砌筑，墙厚15米，上层为土墙。外楼有房100间，每个房间可上下相通，也可左右相通。该楼占地4000平方米，对外仅设2个大门供出入。现楼中尚有住户。

探寻历史遗存

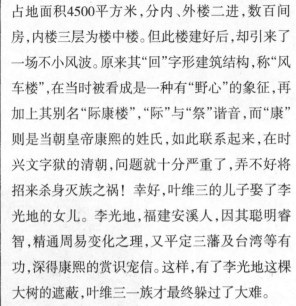

占地面积4500平方米，分内、外楼二进，数百间房，内楼三层为楼中楼。但此楼建好后，却引来了一场不小风波。原来其"回"字形建筑结构，称"风车楼"，在当时被看成是一种有"野心"的象征，再加上其别名"际康楼"，"际"与"祭"谐音，而"康"则是当朝皇帝康熙的姓氏，如此联系起来，在时兴文字狱的清朝，问题就十分严重了，弄不好将招来杀身灭族之祸！幸好，叶维三的儿子娶了李光地的女儿。李光地，福建安溪人，因其聪明睿智，精通周易变化之理，又平定三藩及台湾等有功，深得康熙的赏识宠信。这样，有了李光地这棵大树的遮蔽，叶维三一族才最终躲过了大难。

叶维三，一个农民出身的穷苦人，何来如此实力，能够完成工程规模如此宏大的建筑群？他究竟靠什么发家的呢？让我们把目光再次投向大清王朝康熙盛世。当邻人还为粗茶淡饭，满足于一时温饱而努力的时候，叶维三站得更高看得更远。他就一支长篙，一叶小舟，几样土特产，从镇上的小码头出发，开始了艰辛的漂流……像一条受困的蛟龙，来到了大海就找到了属于自己的天地。北上，富庶喧腾的苏浙商海深深吸引着叶维三。足智多谋的叶维三有别于一般商人的圆滑鼠目，买卖中透出几分山里人的质朴厚道。加上他过人的开拓意识，几年的摸爬滚打，他拿出小本生意赚下的一点积蓄，做起了丝绸生意。这一发不可收拾，凭着信用和勤朴，叶维三逐渐积累了大量的财富。叶落总要归根，这是中国人特有的情结，叶维三也不例外。多年后，赚足了银两的叶维三回到了家乡，为了给后代留下万世基业，建起了这座豪华气派的楼仔厝。连建房子的师傅也是从杭州请来的，这才使我们今天看到了这座闽南小县里的杭城式建筑。

曾经有人这样图解"闽"字，一条被困在笼中的巨龙。一旦出得了大门，得到解放，那将会释放出无穷的能量！古代，龙津江上开大船。岩溪，处于长泰腹地，历史以来，外运烟草、茶叶、芦柑等，内运食盐、生活用品，商贾云集。明朝，为祈保生意兴隆、航运安全，奉祀妈祖的龙兴宫、龙显宫就应运而生了。生在清代的叶维三与时俱进，不仅大胆走出了山门，还能在江浙的商业大海里腾挪有余，把岩溪乃至闽南的商业文化做得更大更强，也传播得更远更久。

叶维三，不仅是长泰人的骄傲，也是闽南商界的骄傲。

朝天路与瑞烟岩　◎ 海峤

北宋元丰三年（1080年）王存编辑的《元丰九域志》一书，记载了长泰的三座名山，其中有一座就是双髻山。宋绍兴二十四年（1154年），著名的理学家朱熹曾路过双髻山，写下七绝《双髻峰》，描绘双髻山的美景。今天，山上还随处可见人文历史的遗迹，有寨墙残体、古道阶石、洞室遗址等，每一处都有一段传说或来历，其中的朝天路和瑞烟岩特别让人回味。

朝 天 路

在双髻山的东麓朝天岭，有一条唐宋古驿道，称朝天大路，在闽粤沿海大道未开通之前，一直是潮州、漳州一带晋京的大道。嘉靖版《长泰县志》记载："朝天岭，昔松江渡未通，入京师皆取道于此，古曰朝天。"乾隆版《龙溪县志》记载："朝天岭，溪泰二邑交界处，旧为省城孔道。"宋嘉熙四年（1241年），龙溪通济桥（又名虎渡桥、江东桥）改建石桥后，外地行人经朝天大路稍有减少，但朝天大路仍为长泰县赴省晋京的主要通道。

明万历以前，朝天路经朝天岭路段崎岖难行，路旁密林丛布，苍藤漫缠。明同知龙遂曾写诗《朝天岭》描述其情："飞泉喷壑蛟龙怒，危石霾云虎豹蹲。峭壁青天稀去鸟，清秋白昼听啼猿。"明清《长泰县志》曾记载朝天岭发生的一件奇事，永乐十八年（1420年），长泰学子林震、林白皐等八人赴省乡试，路过朝天岭，其中一人被虎咬走，其余七人赶

同杨东旸游天成瑞烟岩
［清］赖翰颙

半岭幽栖地，庄严佛座开。
门依山径僻，路傍石崖回。
丛桂盘枝秀，苍松拂槛栽。
风吹兰臭至，竹引洞泉来。
看瀑崖飞布，听涛树隐雷。
披襟青嶂处，啸傲碧林隈。
胜事他年忆，同心此日陪。
登临兴不浅，何必羡瀛台。

赖翰颙（1697-1765年），字孚仲，号竹峰，平和葛竹（今属南靖县）人。乾隆十二年（1747年），赖翰颙任国史馆纂修官。乾隆十五年（1750年），受聘长泰县泰亨书院山长，并任《长泰县志》总辑。此部县志共计十二卷，三十万字，涵盖面广、内容丰富、结构体例完整。

探寻历史遗存

33

快逃命,未受虎害。后来,这7个学子同科考中举人。宣德五年(1430年),林震又状元及第,成为漳州府史上唯一的状元郎。万历二十七年(1599年),管橘就任长泰县令,组织民工整修朝天岭路段,除去路边荆棘,拓平崎岖路面,使之能通车舆。时长泰士民曾撰文赞朝天大路成为坦途,文曰:"马焉载骤,车焉载轰,人来人往,踊跃前征,负担稳步,共沸欢声。"

朝天岭战略位置显要。正统五年(1440年),在朝天隘口设立了巡检司,设巡司1名,派弓矢手60员驻防。嘉靖四十三年(1564年),抗倭名将戚继光屯兵朝天岭,围歼了倭寇数千人,"倭夷骇散"。"泰之民安,漳之民亦赖以安,而泉之民咸举安"(长泰《长隆谢氏族谱》),朝天岭一战成为抗倭史上的一场著名战役。人们由此也称朝天岭隘为走马城。清代,巡检司法裁撤,设防汛,朝天岭配目兵10名驻守。顺治九年(1652年)郑成功部队万余人经朝天岭进驻长泰,并占据双髻山,与龙溪万松关互为犄角,扼守江东桥,后在江东桥一带全歼了清军陈锦部,也成为一场著名的伏击战。

如今,朝天路早已失去了大道的作用。但漫行朝天路,沿途还可看到一些岩石奇景,酷似鸡、狗等造型,惟妙惟肖,在路边峡谷中,可寻到古建筑遗址,如石板、路碑石等。朝天隘旧址,位于今龙海、长泰交界的高坡处,尚存断垣残壁。这一切,似乎都在向人们诉说着历史故事。

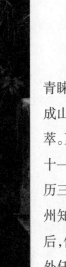

瑞烟岩

双髻山北峰天成山景幽地僻,倍受学子文人的青睐。明万历年间,邑人杨泰及子杨莹钟等人,在天成山构筑洞室,攻读诗书,以避世事纷扰,终学业拔萃。万历二十八年(1600年),杨泰考中举人;万历三十一年,杨莹钟及其弟杨鼎钟也同科中式举人;万历三十二年杨莹钟又登进士,后官历户部主事、赣州知府、广西左布政使。他们联擢科第,一举成名后,便计划将读书的洞室改建成岩寺。因杨莹钟在外任职,就由其弟杨鸿纶督建,建了瑞烟岩。

据清《瑞烟岩记》载:岩址"上覆大石,广可丈余,四围石壁周环,置石下,劈成天然石洞,唯西向处空阔无障","就山之高下,辟径开垣,种梅插竹,岩之旁更构房舍，粉壁椽，遂成——兰若也，延僧定公住持。"由此可知，瑞烟岩是以洞室（原读书处）为主体建成的岩寺。为了增添岩寺香火费用，还置田30亩，作为寺田，以岩寺周围果

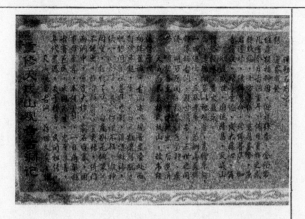

木，作为岩寺财产。天启元年（1621年），杨鸿纶考中举人，中举后不履仕途，携家眷定居天成山。而后，布政使杨莹钟辞官回乡，也携家眷定居天成山。杨氏家族对天成山进一步开发，大兴土木建筑。据乾隆《长泰县志》载："于北髻筑寨，名曰'天成'，内建万石楼、清虚阁、巢父居、心远堂，"并修缮瑞烟岩。这时，瑞烟岩香火日趋旺盛。岩寺住持亦雄（杨氏后裔）幼入禅门，苦行修练，"夜则焚香课诵，晨则种果力田，数十年如一日不懈"。后来，亦雄成为漳州一带的名僧。再后来，有欧金事等一些官吏，也在山坡上建了别墅。至清康熙十六年（1677年），郑成功部队攻占天成山，总督郎公率兵进剿，将天成山的建筑物大都毁掉，瑞烟岩也难逃一劫。

乾隆九年（1744年），举人杨新基捐金倡修长泰县署、谯楼。于乾隆十一年（1746年），他又协同亦雄重建瑞烟岩。经一年营建，瑞烟岩恢复旧观，扩大规模，胜貌益增。据乾隆《长泰县志》载，瑞烟岩"高崎斗绝，凭崖而屋，一堂两厢，中祀如来。堂前作一露台，奇花异卉列于前，下临丈许，高楼耸崎，楼门与佛殿对"，"筑餐食堂，以款宾客"。在瑞烟岩左侧，开辟花圃，种植梅兰；右侧设石门，上方有一巨石覆盖构成的岩洞，筑成斋堂，"俯临堂下，若巢树巅而栖白云着，开窗远眺，则目穷千里，而出川雉堞，隐隐入望中"，堪称洞天福地。乾隆十五年（1750年），翰林院编修、国史馆纂修官赖翰颙应聘到长泰修纂《长泰县志》，游览天成山时写下《游天成瑞烟岩》一诗，赞颂瑞烟岩"半岭幽栖地，庄严佛座开"，并感慨抒怀："登临兴不成，何必羡瀛台？"

清末至民国时期，天成山多次成为屯兵的据点，也曾多次被匪贼占据，因此，瑞烟岩的香火渐少以至日渐荒废最终倒毁，仅存断墙残壁。上一个世纪末，天成山附近村民集资重建了瑞烟岩。现在，在瑞烟岩旧址，仍竖立着一块清乾隆三十五年（1770年）举人杨有年等人所立的石碑，碑文是《瑞烟岩记》，全文710字，字迹清晰。

过朝天岭
龙遂

咫尺星辰似可扪，
苍藤古木自朝昏。
飞泉喷壑蛟龙怒，
危石霾云虎豹蹲。
峭壁青天稀去鸟，
清秋白昼听啼猿。
山中老叟来相近，
指点荒原几处村。

探寻历史遗存

35

◎ 江都寨:
台湾连氏家族的摇篮血地 ◎ 章 武

连氏瞻依堂

位于善化里 (今枋洋乡)江都寨中,又称连氏祖祠,建于明代。堂前开阔,建有上下2层的大埕,以及戏台,建筑有特色。台湾连氏后裔曾到此祭祖。

位于长泰县腹地的枋洋镇,曾是明代著名抗倭义军高安军揭竿而起,浴血奋战,保家卫国的古战场。当年,高高飞扬义军红旗的旗杆夹石,至今还牢牢地插在林墩村林氏宗祠前的广场上,令人浮想联翩。

与林墩村相邻的江都村,是当地连姓家族的聚居地,也是台湾连氏儿孙的祖籍地。清代康熙年间,江都村连氏中的一支,经龙海马崎村辗转搬迁台湾,在台湾柳营乡一个俗称"小脚腿"的小山村落地生根,并很快繁衍成为台湾的一大望族。其子孙中的佼佼者——连横与连战祖孙二人的名字,如今,在海峡两岸可谓家喻户晓,妇孺皆知了。

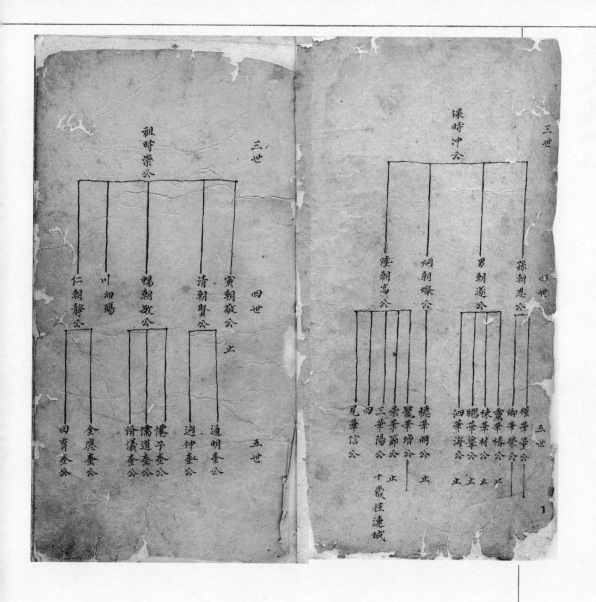

　　也许是高安军抗倭英雄们的血脉代代相传，爱国爱乡的遗传基因生生不息吧！有"台湾太史公"之称的历史学家连横，其呕心沥血千载春秋的煌煌巨著《台湾通史》，每一章每一页，无不证明海峡两岸同属一个中国。1936年，59岁的他因病在南京逝世前，还为将要出世的孙子取了名字，并留下临终遗言：中日必有一战，若生男则名连战，寓自强不息，克敌致胜之意，为复兴故国，重整家园，光明希望之象征。长大后身为台湾政要的连战，果然不负祖父厚望，曾亲手把先祖的神主牌安放在台南柳营乡的宗祠圣殿内。1997年，他委托连世国先生率台南连氏祖团一行二十多人，到江都村连氏祠祭拜祖先。2005年，他更是冲破重重阻力，以中国国民党主席的身份，率团访问大陆，实现了举世瞩目的"和平之旅"。

山环水绕的江都村,阡陌纵横,风景如画。穿越小桥流水,竹林幽篁,眼前升起一座石拱门,"江都寨"三个大字,在门楣上浴着朝晖,分外引人注目。一棵大榕树,根深叶茂,苍翠欲滴,就像一位年邵德高的长者,守望着连氏家族的祖祠——"瞻依堂"。这是座两进三大开间的古建筑,其建筑材料以当地盛产的优质花岗岩为主,宽敞的石埕、厚实的墙,洁净的天井,全都在质朴中显示出一种泱泱然大气度。细看屋顶的飞檐翘角,堂内的雕梁画栋,也全部修葺一新。诸多龙飞凤舞的古今楹联,镌刻在门廊和立柱之上,有两幅最让我过目不忘,并为之怦然心动。一幅是:

上党发祥垂奕撰,高安鼎新振家声。

上党、高安皆之古地名。前者乃今山西省长治市,后者,即在今之长泰县包括江都村在内在枋洋镇一带。此联庄重典雅,言简意赅,大笔勾勒出自东晋以来,连氏家族由晋中南迁入闽的路线图,可谓三千年亲情一脉相承。

另一幅,则显然出自今人笔下,充满海峡两岸骨肉间血浓于水的亲情:

欢度佳节不忘骨肉同胞,喜迎新春怀念台湾亲人。

江都村一带,盛产一种小而甜的金黄蜜橘,号"状元橘"。又有新开发的温泉,正热气腾腾地等待着远方的亲人。月是故乡明;故乡的水果最甘甜,故乡的温泉最多情。看来,江都村的村民们早已做好一切准备,欢迎来自海峡彼岸的宗亲。深信不久以后,连战先生就能返回他先祖的摇篮血地,寻根谒祖,饮水思源,实现他魂牵梦萦的一大愿景了。

拜访古代先贤

　　长泰置县已有1055年了，在这闽南小县，英才辈出，俊颜纷呈。历代有进士71人、举人292人、贡生396人，其中有"明代一状元三解元"、"一榜三进士"、"父子进士"、"一榜七举人"等。在重修的石冈山文昌阁上，就展示了由宋迄清的17位长泰籍先贤的形象及其简要事迹。他们虽然只是长泰古代优秀人物中的一部分，但足以让长泰人感到自豪。这些人物，各有不同的经历和作为，也有时代的局限和不足，但他们都表达了勤劳、善良、正直、勇敢以及爱国爱乡等中华民族的可贵品质。如果有机会到长泰，先去拜访一下这些古代先贤，在美丽的龙津江畔，在俊逸的文昌阁里，与他们做一次对话，相信是一场观照历史，感悟今天，陶冶性情的美好盛宴。

长泰进士表

宋代长泰县文科进士名表

姓名	籍贯	登第时间	最高职务
杨令闻	人和里陶塘洋	淳化三年	宣奉大夫、防御使
杨令绪	人和里陶塘洋	咸平三年	
戴瑜	彰信里	熙宁六年	程乡知县
杨械	人和里陶塘洋	绍兴二十一年	泷水知县
杨友谅	人和里陶塘洋	淳熙二年	惠州府推官
廖公辅	人和里南津	庆元二年	
杨博	人和里陶塘洋	庆元五年	潭州醴陵知县
黄子信	善化里	嘉定四年	新会盐场大使
洪钟		嘉定十年	宝谟阁学士、工部侍郎
李万言	在坊	绍定二年	萍乡县尉
叶惟寅	旌孝里	绍定二年	番禺县丞、朝散大夫
杨应	人和里陶塘洋	绍定二年	宜川州文学
陈梦立		淳祐四年	
吴遇聘		淳祐四年	
张汉杰	石铭里	淳祐七年	国学教谕
杨炎午		淳祐七年	
王师禹	在坊	宝祐元年	长泰县丞
郑梦霖	钦化里	宝祐四年	府尹
薛一正	在坊	宝祐四年	漳州府推官

明代长泰县文科进士名表

姓名	籍贯	登第时间	最高职务
董幼颖	人和里	明洪武二十一年	浙江道监察御史
戴同吉	彰信里	明永乐二年	浙江参议
卢遂	人和里	永乐二年	理定知县
张宗	在坊	永乐十三年	兵部主事
唐泰	彰信里	永乐十三年	祁州知府
林震	在坊	宣德五年	翰林院修撰
朱荣	在坊	正统七年	刑部主事
欧辉	钦化里	正统十三年	湖广副使
杨釜	在坊	景泰五年	浙江道监察御史
戴时宗	彰信里侍郎坂	正德九年	左金都御史
卢岐嶷	人和里	嘉靖二十三年	贵州按察使
王惟恕	在坊	嘉靖二十六年	广西参政
刘一桧	在坊	嘉靖二十九年	大理寺评事
戴燿	彰信里侍郎坂	隆庆二年	两广总督、兵部尚书
唐尧钦	方成里田中央	隆庆五年	南京太仆寺卿
戴燝	彰信里	万历十四年	四川按察使、太常寺卿
戴仕衡	钦化里	万历十七年	吏部给事中
卢硕	人和里	万历二十年	户部主事
林秉汉	善化里	万历二十三年	浙江道监察御史,太仆寺卿
王一范	在坊	万历二十六年	户部员外郎中
邵应祯	在坊	万历二十六年	湖州知府
杨钟英	在坊	万历二十九年	宁波知府
杨莹钟	在坊	万历三十二年	赣州知府、广西左布政使
戴熿	彰信里	万历三十五年	广东左布政使
沈维毗	彰信里上苑	万历三十五年	江西布政司参政
章文炳	钦化里	万历四十一年	重庆知府、太仆寺卿
戴燝	彰信里	万历四十四年	户部主事
刘其忠	在坊	万历四十四年	御史、巡按甘肃
戴烨	彰信里	万历四十七年	溧阳知县
戴相	彰信里	天启二年	御史、巡按广西、湖广
卢经	善化里青阳	天启五年	四川道监察御史、巡按河南
戴绅	彰信里	崇祯元年	
杨灼	人和里	崇祯元年	潮阳知县、吏科都给事中
柯彦	方成里	崇祯元年	合肥知县、户部员外郎
张际熙	钦化里	崇祯十三年	益阳知县
张鸣骏		崇祯十三年	

明代长泰县武科进士名表

姓名	籍贯	登第时间	最高职务
杨友桂	人和里	万历二年	守象游击、广琼崖参将
郑以忠		万历二十四年	
卢若腾	善化里	崇祯十三年	宁波兵备、兵部尚书

清代长泰县文科进士名表

姓名	籍贯	登第时间	最高职务
戴玑	彰信里	顺治六年	岳州道金事、柳州道参议
叶先登	旌孝里	顺治九年	凉州道参议、潞安道副使
杨梦枝	在坊	顺治十八年	
吴一蜚	旌孝里	康熙二十一年	翰林院编修
杨锡冕	在坊	康熙二十七年	
戴大集	彰信里	康熙三十三年	
林莹	善化里林墩	康熙四十八年	康熙四十八年
王苍	恭顺里美里	康熙五十四年	来宾知县、宜山知县
邵天球		雍正十一年	
刘希周	在坊	乾隆十九年	夹江知县
许名扬	钦化里溪尾	嘉庆五年	
谢谦亨	旌孝里长隆	道光二十五年	江南道监察御史

清代长泰县武科进士名表

姓名	籍贯	登第时间	最高职务
林大瑜	彰信里大夫坊	康熙五十一年	台湾守备
谢元鸿	方成里田里	乾隆四十年	
叶韬	旌孝里土楼	乾隆四十三年	花翎御前侍卫
戴秀文	钦化里溪尾	乾隆四十六年	海坛镇右营游击
杨镇关	彰信里石厝	道光二十七年	
杨以礼	人和里温坑	咸丰九年	

长泰"李冰"陈蓍 ◎ 山子

"水利兴则国泰民安，水利衰则社会动荡"。远古的大禹治水，近代的疏渠引流，无一不体现这一说法。走进长泰的大地，平铺的田园，青葱的庄稼，还有那悠久的堤石，正是历史的见证。据史料记载，长泰的众多沟渠的取道大多定位于两宋时期，而其首倡者、组织者陈蓍更是流芳万代、深受景仰。

"清流含日彩，奔浪荡霞晖"是修筑成"双圳陂"后的美景。那时，农哥农嫂喜迎清流，共浇园田，苍生齐乐，丰收在望。在这个群山环绕的盆地里，让有限的水资源适得其所，各司其职决非易事，古有"大禹治水三过家门而不

邑侯清理双圳陂恭纪

[清]陈于道

双芹遗迹久埋沉，
谁使群黎赋作霖。
知是我侯明德远，
溶溶新泽漾冰心。

入"，以此说明治水工作的刻不容缓。陈蓍修陂何尝不是这样？

合理治水是灌溉农业和旱地农业的前提，陈蓍把先人治水留下"以疏通为主"、"深淘滩，低作堰"、"遇湾截角，逢正抽心"等宝贵经验作为治水的要领。经过无数次的实地勘测，分析调研，针对长泰境内的地形特点，陈蓍决意分东圳、西圳引水灌溉，他把该水利工程称为"双圳陂"。十一年的餐风露宿，十一年的经冬历暑，从宋宝庆二年（1226年）开始动工的"双圳陂"终于在嘉熙元年（1237年）胜利竣工了。凿石开山、通渠拓积，疏导拓宽曲折狭窄河道，这支自发形成的队伍有条不紊地实施操作，他们克服的困难无法用言语表达。有了良好的开端之后，便按时开闭，调剂蓄泄，同时选配一批相对固定的管理人员，常年巡视、检查，及时组织人员进行维修，让所筑工程更有效地服务于长泰的百姓。"双圳陂"以其规模宏大，蜚声闽南，《漳州府志》也记载此事。

而今，踏着古人的足迹，总长三十余里的"双圳陂"依然展现出积极的一面。36处陂塘，三百余条水圳，还有那洪水涝易冲毁处所筑的堰闸，数百年来在自己的地盘上悄然劳作着，而周遭是不断繁衍生息的长泰乡民。于是，有了庄稼人眼中的丰硕，还有了洪灾后的释然，同时，因了陈蓍的楷模作用，多数村民均能自觉去维修保护"双圳陂"，为"双圳陂"注入更多的活力。虽然随着时间的推移，有些线路曾做了一个改动，但大多沿用旧址。历史明证陈蓍等人当时是如何的精心设计，精心修造。

陈蓍为双圳陂倾其毕生财力与精力，呕心沥血，无怨无悔。长泰县的百姓为纪念这位治水的乡贤，为他建立了祠宇，尊为"陈蓍公"，常年虔诚祭拜。在双圳陂经过的戴乾村，还立有"重修双圳陂"碑石，保存至今。陈蓍治水，使长泰得到了进一步的开发，也为长泰的文明史留下深深的印记。

治水乡贤陈蓍堪称长泰的"李冰"！

陈蓍（1195—1264年），彰信里（今陈巷镇）人，生平乐善好施。宋理宗年间，慨然捐田240余亩，亲率乡民开圳筑陂，历十载，于宋嘉熙元年建成双圳陂（十五户陂）水利工程，开凿渠道300余条，陂塘36处，受益田地万余亩，后人至今仍受其利。造福于民，世代流芳。

状元之师唐泰

◎ | **状元之师唐泰** | ◎ 杜寻芳

在长泰，有一位乐育英才的著名教育家——唐泰，他的名字将永远和漳州府唯一的状元、长泰骄傲林震紧紧联系在一起。虽然六百多年过去了，世事沧桑，而提起唐泰，不仅长泰，还有龙溪、漳浦等闽南各地的人们，总不免要追思一代宗师唐泰如何如何乐育英才诲人不倦。

明代永乐年间起，宦海归来的唐泰回到故乡长泰，开始从事教育事业。四方弟子纷至沓来拜师求学。最多时达数百人，办学规模之大在当时是少有的。唐泰把余生的精力都献给了家乡的教育事业。他博学多才，深谙教育规律。他因材施教，谆谆善诱，不厌其烦。他热心教育事业，乐于献身教育事业，取得了显著的教学成果。正是"名师出高徒"，长泰状元林震、龙溪探花谢琏、漳浦进士陈覃、理学名家陈真晟，以及一些举人，都出于他的门下。

在中国科考取士的历史中，多少文人学者深昧"书中自有黄金屋，书中自有颜如玉"，寒窗苦读求功名利禄出人头地。从来私塾先生乃三教九流之末流，教书匠往往是落魄酸儒无奈之下为谋一口稻粱而为之，若有禀异才华而又官运亨通者，则断难走上教书育人之道的。而走上仕途的唐泰为什么会转向教育这一条寂寞的道路呢？

修身、齐家、治国、平天下，是中国士人一生所要完成的使命，修身被放在第一位。幼时的唐泰，天资聪颖，弱冠时已通晓经籍，对《易经》钻研颇深。深受儒家经世致用思想的影响，唐泰也一如其他学子希望科举进士光宗耀

思诚斋铭
[明]唐泰

大均运化，品物流形；
赋之实理，人惟物灵。
惟灵之思，心为神主；
感物而动，慎思为英。

心原所发，善恶之机；
徇象化物，禁止自欺。
静无妄发，动无颠踬；
真积日久，化而诚矣。

拜访古代先贤

43

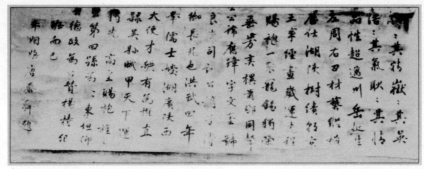

唐泰题幅

祖。登科及第后的唐泰，在任职期间，为取信于民，他办案极公正严明。这一点，震慑了许多豪强。毕竟，封建社会为民请命的人不是太多而是太少。于是，唐泰政声直扬。宪抚交章见唐泰颇有才华，便向朝廷极力举荐。唐泰受到明成祖朱棣的宣召，文渊阁御试。唐泰文思敏捷，撰就了《麒麟颂》、《野渡横舟歌》、《明伦论》等三篇诗文，深得朱棣赞赏。"文而优则仕"，由此，唐泰留京拟重用。不料此时边境告急，朱棣御驾亲征，擢用唐泰之事被搁置了。唐泰居京时，见朝廷官吏弄权营私，乌烟瘴气，不堪浸淫其间的他毅然退出了政治舞台。唐泰的内心一片无奈，难言的孤独和义愤，使他彻底洗去了尘世的喧嚣，他找到了无言的山水和远逝的古人。一个有强健人格的人岂能"摧眉折腰事权贵"？唐泰没有像潇洒的李白浪迹江湖醉心诗赋，他托词家中双亲垂老，辞去官衔，卷起行囊，匆匆回到了阔别多年的故乡。也许是想起了孔子吧，他挑起了教书育人的行担。

也许用我们的现代话说是为了"守住心灵的那一片宁静"，也许是凭着他对教育和文化的一番认识，隐退的唐泰从此不问政事，潜心教育事业。唐泰言传身教，以良好修养和高尚师德，直接影响着他的学生。在教学上，他"因材施教"，"慎思为美"，"禁止自欺"，以身作则，不辞劳苦，精心培育，力求每个学子都能学有所成。终于，功夫不负有心人，唐泰的良苦用心催开了芬芳的桃李，长泰古代的教育事业在唐泰的手中达到了一个巅峰。

唐泰(1393—1455年)，字师廓，彰信里(今陈巷镇)人，明永乐十三年(1415年)进士，授知州。在文坛上颇负盛名，因无意仕途而还乡，于大夫坊结庐百余间，致力办学，培育人才。教育有方，英才辈出。状元林震，探花谢琏及多名进士皆出其门。名师高徒，传为佳话。

如今，在唐泰最初办学的地点夫坊社王氏族人的祖祠里，供有唐泰神位，还绘制悬挂"唐泰授课图"、"师生郊游图"，以纪念这位献身于地方教育事业的先哲。

状元林震传奇 ◎涌泉

林震是漳州府唯一状元，他的故事在漳州一带，特别是他的故乡长泰家喻户晓。几经锦上添花的美化，愈发传奇。

林震，字敦生，长泰县善化里人。或许是要出人头地的人，连出生都带有传奇的色彩。传说林震母亲在十月怀胎的时候，正赶上娘家祖厝入火，热闹非凡。于是，好奇心使她从婆家枋洋赶往县城的娘家观赏祖厝入火盛典，竟忘了自己十月怀胎随时有分娩的可能。那夜，溪园（今长泰京元村旧名）的祖厝张灯结彩，人山人海，热闹无比，祭祖庆贺的人都十分虔诚，林震娘也在她母亲、哥哥的陪同下祭拜列祖列宗。

绫地制品，幅长1.9米，宽0.3米，原横幅两侧各附有一根木棍。此"圣旨"系明正统二年（1437年）英宗赐封林震的继室黄氏安人（六品夫人）而送至其的。"圣旨"全文："奉天承运，皇帝敕曰：国家推恩臣下，而必及其室家者，所以厚人伦之本也。行在翰林院修撰林震，继室黄氏，克勤内助，兹特封为安人。服此隆恩，毋忘儆戒，钦哉。正统二年十一月二十七日。"原横幅两边的小木棍已遗失，绫两纵边微损。

拜访古代先贤

归　省
[明]林震

三年试绩在京畿，
旧制承恩此日归。
晓日沙头樽酒别，
秋风江上片帆飞。
心悬北阙鸣清珮，
路入南闽隔翠薇。
判袂不堪回首处，
暮云春树思依依。

在道人的主持下，祖厝屋顶上的文笔点亮了（红蜡烛当文笔），全场一片欢呼：祖厝出文笔喽，祖厝出文笔喽！这时，林震娘的肚子突然一阵阵地疼痛起来。林震娘的母亲心想大事不妙，如果此时林震降生，会夺走祖厝的福气，村里人是绝对不会轻易放过的。想到这里，二话没说，搀扶着林震娘先躲到祖厝屋后，刚站稳，林震就呱呱诞生了。说时迟那时快，林震娘的母亲赶快吩咐随从的大儿子用花布巾包好林震，抱着往外跑，林震娘的母亲也搀扶着林震娘急步往家走。此刻，只见祖厝屋顶上的"文笔"向东倾斜，几乎同时，只听那道士大声喊道："文笔斜，状元出在别人社。"一时间，那些族长大人率人左右查找，一派非找出结症不可的气势。林震娘和她的母亲暗暗出了身冷汗，要知道，如果被发现了那可不是件简单的事。

林震就这样有惊无险却带着喜气瑞祥降生了。由于家境贫寒，父母为了让林震读上书，勤俭节约，生活过得十分艰苦。但林震自幼就有一股穷而有志的硬骨气，虽身居茅舍，三餐咸菜稀粥，刻苦攻读，常常通宵达旦，就是酷暑难熬的夏夜，也坚持拼搏。民间传说，受林震的精神感动，他读书处周围的青蛙，夏夜都不敢鼓噪了。

功夫不负有心人，林震终于盼来了上京考取功名的机会。林震都试，对手正遇江西举子沈文求。闹得林震恩师副主考杨荣和沈文求恩师正主考杨

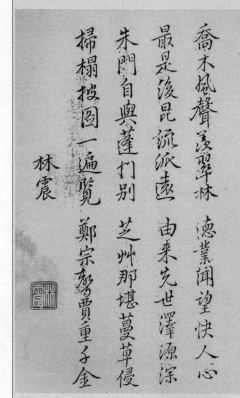

巷头井
位于县城中山路状元巷，据清乾隆《长泰县志》载：林震状元及第时井鸣。人们称之为"状元井"。井旁现还立有明天启年间的碑记。

仕琪争执不下，只好面奏圣上。皇上降旨，林、沈二举子御前殿试。杨仕琪熟知沈文求有一世上罕见的绝技，为使其胜出，便建议圣上围绕此绝技为题。圣上一听"双手同书美雅字体，在豆腐大的纸上巧写三千字句"，一时大喜，便命主考杨仕琪，赐林、沈二举子各一张豆腐大的纸，书写三千字，先交卷者为胜。这正合沈文求强项，只见他接过纸张，不慌不忙双手举笔疾书，不一会就写了近千字。这下可急坏了林震，一时无从下手。此时，恩师杨荣看在眼里急在心头，灵机一动，连忙踱步林震案边，用闽南话悄悄暗示："上大人，孔乙己"连念数遍，林震听后，悟性突发，举笔在纸上写下端庄俊秀的"一笔化三千"五个字，呈卷龙案。

　　杨仕琪不知其中的奥妙也急促沈文求快写呈卷。顷刻沈文求写完三千字呈上龙案。宣德皇帝阅毕林、沈试卷，交给二主考各抒己见。只见杨仕琪抢先奏道："林举子虽先交卷，但只写了五个字，沈举子双手挥毫，文墨雅丽，字字娟秀，当封状元及第。"杨荣看杨仕琪如此极力保荐，也急向宣德奏曰："沈举子虽能双手快书疾笔，但刻板呆滞，林举子机智聪敏，善能变化，此才难得，理当夺魁……"宣德见他们争执不休，再次下旨："杨太师，杨丞相，二位不必争辩，待朕当殿一试，朕以《抒怀》为题，二举子各做七言绝诗一首，谁答得快，做得好，状元也。二卿不必为此争执不休。"杨荣、杨仕琪二人同声："专凭圣上定夺。"话音刚落，沈文求高声赋曰"作就五湖三岛赋，吟成四海九洲诗，月中丹桂连根拔，不许他人折半枝"。林震紧接脱口而出："骑鲸直上九天台，亲见嫦娥把桂栽，心喜广寒宫未开，为臣连月抱归来。"尽管二位主考仍力荐所爱，无奈宣德言道："二位举子，文才出众，胆识非凡，一敢广寒拔桂，一敢九天揽月，是朕之幸也！朕还有口才一试，以做最后定夺。"宣德皇帝随即问道："世上何物最重？何物最轻？"沈文求抢先答道："世上唯山与海最重，不可计其量，而灯草芯最轻，采集一担不足数斤。"林震沉着反驳："启奏万岁，依卿之见，世上唯皇上玉口金言最重，皇上一开口，可移山填海，威力无可估量。而蜘蛛为世最轻之物。我国国土之大，灯芯可以采集数船载，而采遍全国蜘蛛丝也不足一担矣。"宣德一听，暗道："天下者，我之天下也。"一时龙颜大悦，挥笔钦点："林震为状元，沈文求为榜眼。"

　　林震以其聪敏的才智，战胜对手，状元及第，至今传为佳话。

迎贺（句）
[明]杨荣

三场压倒江西客，
一榜题名福建人。

杨荣历任文渊阁大学士、太常寺卿、太子少傅、谨身殿大学士兼工部尚书、光禄寺大夫、柱国少师兼尚书大学士等职，历事四朝。逝世后诏赠左柱国太师，谥号"文敏"，并举行国祭。宣德五年（1430年）殿试，林震、龚锜、林文三位福建举子囊括金榜前三名，杨荣闻之祝贺。

拜访古代先贤

47

◎ 刚正不阿戴时宗 ◎ 何安主

戴时宗造像记

鼎山（次张明府韵）
[明]戴时宗

停骖出谷口，
缓步入丛林。
绿树烟光淡，
黄花秋意深。
夕阳天外烧，
流水坐中琴。
扫石移清酌，
松枝月半阴。

鼎山，位于长泰县南部，又称鼎寨山。戴时宗卒后葬于鼎山。

戴时宗，字宗道，长泰县彰信里（今陈巷镇）戴墘村人。明正德九年（1515年）甲戌科进士，受任刑部主事。

任职期间，戴时宗恪守职责，刚正不阿，疾恶如仇，爱打抱不平，深受百姓赞扬，却被不法者视为眼中钉、肉中刺。其时，有京城锦衣卫卒肆意杀人，逍遥法外，死者家属告到刑部。当时刑部尚书、主政等官员，考虑自己的乌纱帽，都借故推诿，只是想虚发"逮捕"空文，应付敷衍了事。肇事者倚仗奸臣主子的权势，迟迟得不到法办。

戴时宗为此大抱不平。明知自己官阶不高，力不能及，但出于义愤，为伸张正气，便依据逮捕令，带兵出衙，将杀人凶手捆绑归案，严加惩治。

这一来，给刑部尚书惹来天大的麻烦：执法吧，又怕激怒权奸，不仅丢掉乌纱帽，连身家性命都难保住；不执法吧，又对不起"逮捕"令。心中暗暗责怪戴时宗忤逆上司意图，立即设法把戴时宗调往吏部任考功主事。

戴时宗虽因秉性刚直而遭挫折，仍正气浩然，痴心不改。在吏部，刚好遇到正德皇帝朱由校御意南巡。戴时宗认为，此行必定要花费大量人力、物力和财力，途中安全自难预料，而宫中空虚，万一奸贼趁虚谋变，内外皆担风险。于是，与同宿舍的张衍庄等上疏谏留。皇帝勃然大怒，心想，一个小小的考功主事，竟敢逆旨，立即口诏司礼太监将戴时宗拘捕，罚跪三日，杖刑三十，以压服内外异音。但戴时宗所为表达了文武百官的心声，为吏部尚书所赏识，提升他为考功文选郎中，负责考核诸官政绩。

戴时宗就职吏部郎中后，更以"进贤、退劣"为己任。当时，管理皇后、太子家事的"三品詹事"霍韬，秉承后宫密旨，推荐陈浩为给事中，掌"钞发章疏，稽查违误"等政务，权力很大，事经皇上旨下吏部，无人敢阻止。戴时宗负起考功郎中的责任，亲自拜见霍韬，指出陈浩劣迹，力言此人不可用，霍韬因而止步。

南都缺"兵书权要"一职，皇上欲用王琼，戴时宗拒绝签署调令。奏明皇上："王琼固有才华，然与彭泽皆为边陲逆旨得罪之臣，若让王琼匆促恢复兵书权要之职，即使忠心不虞，亦有功罪不明之嫌也。"

时宗持正不阿，在京师声誉颇盛，晋升为大理寺左少卿。这时，有"行人"（宣布与执行政令之职）薛侃，上疏奏建亲藩入京任职，皇帝震怒，立将薛侃押赴司法廷讯。法司想趁机株连异己，于是罗织罪名，暗列黑单，大玩政治把戏。戴时宗察觉后，凛然正气，力言不得深罪，罗治罪名更非皇上旨意。诸官觉得左少卿所言有理，对此事不加深究。于是焚毁黑名单，所开释者甚多。戴时宗又提升为都察院右佥都御史。

戴时宗在右佥都御史任内，适值壬辰年（1532年）黄河在鱼台地区缺口，河东一片汪洋。同时运河河道淤塞，交通受阻。戴时宗赴各处巡视、慰问，一面勒令各府县抢险救灾，一面上疏条陈"防河，浚运"良策，得到朝廷的批准实施，彻底解除了水患。

不久，戴时宗接圣旨调任蓟州军务提督，连夜驱马上任，一到蓟州便勉励将士爱民立功，并悬示赏格，士气振奋。他上疏奏募土著人充实队伍，因为土著士卒对偏远地区风俗民情了如指掌。当他得知蓟州的黄花镇守内臣，平日作威作福，鱼肉乡里，周围百姓敢怒不敢言时，坚决解除其镇守职务，军民拍手称快。不久，时宗告疾还乡。

宪台又上书推荐，起用时宗任郧襄巡抚。赴任时，恰遇旱灾、虫灾相继害民，饿殍遍野。时宗看在眼里，急在心上，便发仓谷赈济。粮仓发尽，号召军队节衣缩食支援灾区，救活了二十多万人。

后来由于朝廷内部矛盾，有人以"九卿推荐"事诬陷时宗，时宗蒙冤被削职回籍。

宝刀不老的时宗回到家乡后，仍时刻关注家乡的安全。嘉靖二十五年、二十六年，地方奸民勾引倭寇深入内地互相交易。戴时宗预感到这是一种隐患，建议并赞助县官萧廷宣浚通城壕，增加防御设施。嘉靖三十七年，倭寇果然大举入侵长泰，而长泰县城坚不可摧。百姓盛赞时宗的深谋远虑。

戴时宗（1484—1556年），字宗道，彰信里（今陈巷镇）人，明正德九年（1514年）进士，历任刑部主事、左佥都御史等职。禀性耿直，刚正不阿，居官不傲，体恤百姓，多有政绩。晚年辞归故里，倾心公益事业。漳州云洞岩摩崖石刻留有其题迹。

拜访古代先贤

抗倭英豪林承休 ◎ 伊峰

石头旗杆

镜头推向明嘉靖年间，日本海盗在我国沿海地区烧杀抢掠。倭寇横行长泰时"愁苦之声震于原野"。是可忍，孰不可忍。本是山高皇帝远的地方，揭竿而起的善化里高安（长泰古林墩一带）的农家丁壮，自号"高安军"，日耕田地，夜练武艺，为驱逐外虏做好充分的准备。千军易得，一将难求。难求的这一将，既上得战场，又能运筹帷幄。那人，有纯朴情肠；那人，有铮铮铁骨；那人，足沾黄泥；那人，手举巨臼；那人，纵横驰骋；那人，横戈沙场；那人，在邑人中树起一座不朽的丰碑。林墩寨的一草一木，该牢记那个名字，那个令倭寇闻风丧胆的名字——林承休！

其实，历史的公正与不公正，并不取决于一个名字的颂扬与铭记，天空中似乎不留下任何痕迹，可地上的老树一年年地绽发新枝，一圈圈的年轮又在诉说着一个个渐远的故事。虽然我们没有办法从更多的史料了解更详尽的细节，但我们却可以从结论推测到那些可能的成因。正德辛未（1511年）十二月廿一日丑时，那个普通的农家喜迎新生了，婴儿的哭声震耳，阳刚之气颇足，所谓的"农家的孩子早当家"，我们自然可以管窥全豹，那是个正义无私的男儿，那是个恋家爱国的男子，那是个体魄强健的男人，登上"高安军"团长的那一天，声名已显。而真正让乡人朝谈暮论的，却是始于那率军迎战，四战四捷的惊人喜讯频传之后。也许一个人的价值体现正是取决于这个人的辉煌业绩，这是历史的必然规律吧！

今日，当我们登上郁郁葱葱的文昌阁，用敬仰的目光凝视林承休振臂杀敌的风采，遥想当年长泰风起云涌的时光，我们仿佛听到掷地有声的喝令，我们仿佛看到雷厉风行的军威，我们仿佛听到呼天抢地的求饶。一支军队，一支来自泥土田间的军队，谅必最初在狂妄自大的倭寇眼中，无非一芥草叶，却不料到了真刀真枪的时刻，迅雷不及掩耳的攻势，让倭寇丢盔弃甲，溃不成军。一次是偶然，两次、三次……谁有胆量再敢轻视这支不寻常的军队呢？朝耕暮武，艺精胆高，招之即来，来之善战，战无不胜。从最初保护高安的黎民安危这种小区意识，发展到保护漳州地区的神勇游击作战思维，以林承休为核心的指挥者知己知彼，锋芒毕露，把最锐利的长剑刺向可恶的入侵者。

历史记住戚继光，历史记住俞大猷，历史也将记住"全漳保漳"的长泰高安军领袖林承休。"封侯非我愿，但愿海波平。"——戚继光的明志诗句，代表的也正是一代抗倭英豪的集体心志。

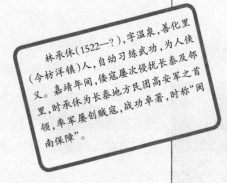

林承休(1522—？)，字温泉，善化里（今枋洋镇）人，自幼习练武功，为人侠义。嘉靖年间，倭寇屡次侵扰长泰及邻里，时承休为长泰地方民团高安军之首领，率军屡创贼寇，战功卓著，时称"闽南保障"。

上洋楼

在陈巷山重村上洋自然村，始建于明天启三年（1623 年），又称孟宁堡。楼为石木结构，高 5.8 米，外围长宽各 40 米，占地面积 1600 平方米。外墙用石垒砌，墙厚 1.64 米，仅设一个大门供出入。楼共 2 层，每层有 26 间房，房间各相向，围成"回"字形。楼中间设天井，供集体使用，凿有水井。现楼中尚有住户，建筑物保存较好。

拜访古代先贤

51

两袖清风王惟恕

◎ 洪华

自古以来，"壮志未酬身先死"的例子不胜枚举，对于"从来思博望，许国不谋身"的忠诚之臣，更是让人生发不少的遗憾，长泰县"开闽王"后裔王惟恕就是这人贤中的一员。于明嘉靖二十六年（1547年）荣登"进士"的王惟恕廉洁奉公、两袖清风，为朝野上下所钦敬，世代传芳。

其实，对于一个社会来说，一个人的人格魅力得以彰显，往往需要一定程度的付出。纵观王惟恕的一生，"克俭、明正、廉洁"是他的代名词，真所谓"平居孝义称"。欲进公堂前，他埋首潜心阅读卷宗，认真搜寻材料，做到明正判断，不徇私情。公堂上，公正宣判，百姓信服。对于错综复杂、涉及面较广的案件，王惟恕明察秋毫、亲临现场、微服暗访、征询民意，案件均能水落石出，同时，王惟恕赏罚分明，叫违法乱纪者退避三舍。这就是古往今来，老百姓所拥戴的"清官"。

升任东粤宪副，又升至广西参政的王惟恕，凭借的是自己一腔执著的爱民意。百姓对王惟恕的称赞不绝于耳。担任广西左布政使时，当地一些投机倒把、趋炎附势的地方官员，信奉的是"天底下没有不沾腥的猫"，他们把王惟恕当作自己升官发财的筹码，陆续为王惟恕呈送贵重的"羡金"（下属为上级送上的重礼）。王惟恕明白，这些钱财都是搜之于民、取之于民，他没

有像其他官员那样喜形于色，他的心沉重起来，他仿佛看到一幅幅敲榨民脂、克扣军饷的残暴画面，他仿佛看到一群群青黄不接、流离失所的愁苦面容。一番思虑之后，睿智的王惟恕胸有成竹，他当机立断，来者不拒，尽数收纳，与送金者玩起了"迷雾战"。当送金者还得意于自己的"找对门槛"时，王惟恕早已悄然无声地把"羡金"用以接济穷苦百姓，在老百姓由衷的感激声中，那些如梦初醒的官员，总算见识到这位与众不同的上级有力的"杀手锏"，于是贿赂者如临大敌，惶惶不可终日。

王惟恕心无杂念、巧纳"羡金"、周济苍生的事迹传到朝廷，龙颜大喜，嘉其直道，颁旨让王惟恕进京，拟予擢用。本来能够得到圣主明君的赏识，是仕人的一大幸事，可是"致君时已晚，怀古意空存"。为政操劳过度，身体衰竭的王惟恕竟然无缘圣面，在进京途中怆然病逝。王惟恕病逝后的情形更令人扼腕叹息，本想就地入土，却因家道贫寒，居然买不起棺具，随行的王夫人只好变卖衣钗，草草安葬丈夫。这使人不禁联想到一样魂断异乡、无力收殓的清官海瑞。真所谓"穷途唯有泪，还望独潸然"。

历史是一面镜子，真实地反映着人性。今天，在长泰县城和平路中段的那座"世德堂"上悬起的"进士""世承天宠"的匾额，正是为王惟恕所立。王惟恕的品行，令后人崇敬；王惟恕的品行，更应成为任何一个时期当政者的楷模。

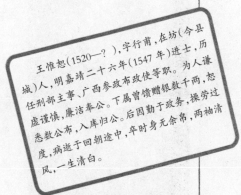

王惟恕(1520—？)，字行甫，在坊(今县城)人，明嘉靖二十六年(1547年)进士，历任刑部主事、广西参政布政使等职。为人谦虚谨慎，廉洁奉公。下属曾馈赠银数千两，恕悉数公布，入库归公。后因勤于政务，操劳过度，病逝于回朝途中，卒时身无余帛，两袖清风，一生清白。

拜访古代先贤

53

文昌长泰

【海峡二十七城市历史文化系列】

西城楼(和管橘韵)
[明]戴燿

高阁层楼楼上台，
武安风景画图开。
阛中弦诵千家起，
槛外潮声万里来。
云拥吴山连晡晚，
月明潮水浸楼台。
西南保障功难泯，
江左原推管仲才。

爱国惜民戴两广　◎ 楚天阔

戴燿造像记

戴燿字德卿彰信里今陈巷人明隆庆二年壬戌科进士初任广东揭阳县令州郡连估相兵部尚书衔文韬武略官拜两广总督兼管广西巡抚政绩斐然任内屡施仁政减赋缓征解受灾民倒悬之厄居官三十载武功颇著戴燿喜诗文著有彰信集山西左原宿管仲才

　　站在这条从崇山野岭中奔腾而出的溪流、多少乡人赖以繁衍生息的生命之源、客居异地外邦的游子魂牵梦绕的母亲河——龙津江的青青草畔边，看溪流千百年来日夜欢歌，奔流不息。她是历史的见证。家乡多少历史风流人物，状元、封疆大吏、叱咤风云的英豪，都是蹚过这条历尽沧桑的古老的河而走向更为广阔的历史舞台。

　　溯流而上，时光回到即将倾倒的大明王朝，再把目光定位在那时江海要冲之南海，可以看到一位从长泰走出的风流人物——两广总督戴燿，在那个政治腐败、世风日下的时代，树起一座令人扼腕长叹的爱国惜民的丰碑。

　　童年的戴燿，在求学过程中经历了不同寻常的教育。挑砖练身，忍饥挨饿，造就了他一身强健的体魄、坚毅的精神以及爱国惜民的秉性。这在封建社会里，尤其对高官贵爵来说是难能可贵的。彰信里的学堂早已湮没在历史的荒草里不见踪影，教导戴燿的私塾先生更是名不见经传无从寻觅。但那段刻苦求学上进不辍的佳话，却因了长大后成就一

番事业的戴燿而千古流传，它一直提醒世人，良好的教育乃百年树人之精髓。

也正是出身于平民百姓，一颗原本洁来还洁去的心，始终同最底层的老百姓一起跳动。不必说他在刚当县令那天拿出皇帝的御赐抚赠前任死去的县令，不必说他曾资助过不计其数的学子文人赴京赶考的路资盘缠；不必说他为官一任造福一地；不必说他居乡之日严于律己公私分明挺身平匪；不必说他为了广西毗连的安南古国（今越南）发生内乱，

广西边民常遭烧杀虏掠，亲自挂帅出征，在北部湾海面，以其过人的聪明才智，卓越的军事才能，打得越寇屁滚尿流，逼得越王只好又向明王朝纳贡称臣，安我边境，定我黎民；单是说说他不畏强暴不怕丢了乌纱而三次上疏请罢采珠以舒民困之事，便可足见其非凡的胸襟和胆略。

明朝万历年间，外戚、宦官，凡是同皇室有一定关系的无不飞扬跋扈横行霸道骄奢淫逸，但戴两广却是例外。当年神宗皇帝朱翊钧为扩充内府的库藏，派出大批宦官，充任矿监税使，到处勒索搜刮，百姓怨声载道。戴燿会同浙江道监察御史，奉旨巡按广东的另一长泰籍人林秉汉，在广州府衙放告三天。百姓的告状词堆放在案桌上竟达一尺多高，大多是状告宦官李凤借采办珍珠上贡朝廷之机，搜刮民脂民膏的。戴燿据实上报。明神宗朱翊钧面对事实，只好传旨撤回李凤，停止采珠。戴燿也因此结怨权贵，被罢官回乡。

但历史的老人是公正的。为官处事能从国计民生的大局出发，把百姓的安危冷暖放在心上者，历史便会垂青于他，让他永远活在百姓的心中。

戴弘亮墓，位于陈巷古农村，建于明永乐年间，戴弘亮（别号遯庵）为长泰乡贤，其子孙中进士者多人。该墓造型特殊，规模较大。墓前有墓池、墓庵。墓庵前10米处竖"大明戴遯庵公神道"石牌坊1座。墓保存完好。

戴燿（1542—1629年），字德辉，彰信里（今陈巷镇）人。明隆庆二年（1568年）进士，历任县令、州郡、巡抚、总督，领兵部尚书衔。文韬武略兼备，居官六十载，战功显赫，政绩斐然，任两广总督时，减轻徭役，绥靖地方。居乡之日，仍严于律己，备受世人称颂。

拜访古代先贤

直言善谏唐太卿 ◎ 立 秋

值七夕同赋
[明]唐尧钦

七夕秋声梦簟凉，
银河脉脉醉清狂。
云迎霓佩朱机女，
雨度星搓玉面郎。
洞里乾坤今夜别，
山中月旦世情长。
好垂芳迹登临处，
留与他年作胜场。

唐尧钦、戴燝、管橘、
王一范、杨钟英等五人曾
于"七夕"同游天柱山观
海楼，吟咏唱和，留下"值
七夕同赋"组诗。

明万历年间，在漳州府东门街树起一座雄伟的"都谏议第"石牌坊，在长泰县城南门也建起一座庄重肃穆的"大都谏"石牌坊。这两座石牌为谁而立？正是从花县古城走出去的唐太卿——以直言善谏闻名遐迩的太仆寺卿——唐尧钦。风雨沧桑，斯人已逝，石牌坊业已坍塌废弃，但是唐太卿的英名却长留青史，为后人景仰追慕。

唐尧钦是明隆庆五年（1571年）登的进士，为官数十年，以刚正不阿、直言忠谏著称，备受士林推崇。唐尧钦在京都任职时，有一回，当朝皇贵妃的祖父郑福逝世，他的儿子——当朝著名的锦衣卫郑承宪向朝廷提出，希望朝廷恩赐一块墓地葬其父，以显示郑家的荣耀。皇帝答应，赐坟价银五千两。皇帝的做法引起了文武百官的议论。大家都认为做法失之偏颇，有违先例，却又不敢公开异议，因为，一旦触怒龙颜，那可是"吃不了兜着走"啊！唐尧钦也不同意皇帝这一轻率做法。但是，那么多"德高望重"的大臣都不吭一声，无足轻重的唐尧钦人微言轻，敢进谏吗？即使进谏了，皇帝会接纳吗？思前想后，最终，唐尧钦还是抛弃顾虑秉直上疏，在金銮殿上慷慨陈词。他

说："如果破例而行，则贵妃父又当何如？皇后之祖又将何如？皇后之父更何如？宫中贵妃如此之多，将来都援例为先辈乞求赐葬，此事岂有底止?!"唐尧钦说得条条在理，皇帝最终采纳了。这次金銮殿雄辩，唐尧钦崭露了头角。其卓著的才华，过人的胆量，及其不畏权贵、直言忠谏的品格，令众大臣喟叹不如。

后来，司礼太监张鲸，倚仗传旨特权，向文武百官收受贿金，中饱私囊，累积盈万。这件事引起了上下朝臣的不满。终于有一天，张鲸被告发了，皇帝不得不下令查处。但是，负责查案的刑部对张鲸的罪责轻描淡写，偏祖

宽容。为掩人耳目，张鲸的党徒邢崇智等人成了张鲸的替罪羊。贪赃枉法的张鲸非但未受到应有的惩罚，相反却逍遥法外。朝廷执法枉法，国法尊严何在？如果连朝廷自己都枉法，那么国家的大政方针还有谁肯执行？执行又能有什么力度？唐尧钦考虑更多的还是国家社稷的安危与稳固。天子犯法尚与庶民同罪，何况区区一介太监？一番权衡利弊，唐尧钦又一次直言上疏，发起诘难。他在朝廷上当众诘问皇帝："陛下既然以受贿之名加罪于张鲸，为什么却又以受贿之罪佑护他呢？张鲸既是首恶，其党徒伏罪，而张鲸却受庇护，法纪何在？"皇上一时语塞，无以应答。唐尧钦还曾多次上疏条陈"马策"及"救时六策"等，均切中时弊，多被采纳实施。

　　盛世之道，美芹良谏不可或缺。但是，毕竟"良药苦口，忠言逆耳"。直言敢谏的人往往命运多舛。唐尧钦不是不明白，但是为了揭露奸庇清明政治，为了读书士人的理想志气，只能斗智斗勇，不惧性命之忧。匹夫之勇，只适合战场上的短兵相接。唐尧钦直言敢谏，凭借的是其过人机智、勇敢胆识和忠君爱国。这一点，唐尧钦颇有唐朝房玄龄、魏征善谏之风。

天柱山冠帽石

唐尧钦（1531—1612年），字寅可，方成里（今武安镇）人，明隆庆五年（1571年）进士，历任兵部及工部给事中、太仆寺少卿、太仆寺卿等职。居官不畏权贵，刚正不阿，敢于谏言，勇直陈时弊，备受朝野士民赞誉。卒时，朝廷赐祭。

皇帝诗友戴燿

◎ 沈世豪

文武之道，一张一弛。相比较之下，长泰的文人，在史册上更为辉煌。武以定国，文以兴邦。切莫小看了文人的价值。他们是精神家园辛勤的播种者和耕耘者，是传承民族精神的脊梁，是长泰对中国文化的伟大贡献的重要内容之一。戴燿生前不凡的业绩，化为雄伟的牌坊，伫立在土地上，令世代奉为楷模，而他的诗文，却融入到中国民族文化、思想、精神、艺术的长河里，依然滋润着祖国的大地。

值七夕同赋
[明]戴燿

振衣绝顶动高凉，
泽畔狂夫兴更狂。
素月七襄催帝女，
青云双鸟起星郎。
杯涵寒色千峰暮，
赋就雄风万里长。
胜会祇应干象纬，
岂知洞壑有词场？

史载，戴燿从小就十分爱好古文，很有学识。文学是需要一点天赋的，其天赋的主要内容是特殊的爱好和良好的艺术感觉。他和皇帝朱由益是经常在一起吟诗唱和的好朋友，他考上举人以后，朱由益对戴燿的仕途有着引荐之功，但文学上的成就，却是戴燿不同寻常才华的结晶。

四川眉山是苏东坡的家乡，那里有一座驰名的"三苏祠"，是为了纪念苏氏父子三人在文学上的突出贡献而建的。金黄色的庙宇，巍峨壮丽，不知系住了多少敬重、仰慕的目光。穿过绿树如荫的石板路，抬头一看"三苏祠"的大门，两旁的楹联是：一门父子三词客，千古文章四大家。从对联的本身

来看，质朴、工整而有饱含深意，短短的14个字，传神且极为艺术地概括了苏氏父子的杰出成就。细细品味，书法艺术更是俊彩飘逸。那是戴燝的传世之作。站在这幅对联面前，你会自然产生这样的遐想：戴燝并没有走远，他在和所有的来访者对话。是带着浓重的长泰口音吗？"三苏"固然让人肃然起敬，而能够如此精确地评点"三苏"的长泰人戴燝，同样让人为之叹服！

齐云山太素宫题词

在文学大师、巨匠面前，戴燝表现出非凡的睿智和惊人的才气，而对遭遇坎坷地位卑微的文人，戴燝的目光、胸襟则展示出让人为之怦然心动的另一个侧面。

到过成都的人们或许知道，在成都南郊有一个很有名气的望江公园。那里的竹子多，据说有一百多种。然而，公园的出名，并不是因为竹子，而是唐朝女诗人薛涛。她生于中唐，八九岁时就能赋诗，生性敏慧，思想开朗。她的诗清奇雅正，与著名诗人白居易、杜牧、裴度、刘禹锡都有酬和。但她的命运却非常不幸。16岁时，韦皋镇守四川，并任剑南川西节度使，召她侍酒赋诗，于是入了"乐籍"，成了一名乐妓。一生郁郁不得志，有相当长的时间，隐居在成都南郊的望江公园。公园深处，有一口井，人称薛涛井。因为，薛涛好写小诗，自己设计了一种小笺，深红色，雅致、实用，世称薛涛笺，传说，这口井就是薛涛取水制笺的地方。戴燝在四川供职，他到过望江公园，写了一首诗：薛涛井。全诗只有四句：

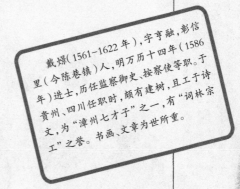

> 寒泉翠条午阴清，读罢残碑感慨生，
> 不见玉颜窥照影，空余金井辘轳声。

戴燝（1561-1622年），字亨融，彰信里（今陈巷镇）人，明万历十四年（1586年）进士，历任监察御史、按察使等职。于贵州、四川任职时，颇有建树，且工于诗文，为"漳州七才子"之一，有"词林宗工"之誉。书画、文章为世所重。

全诗借景抒情，形象而生动地表现了戴燝对薛涛命运的无比同情和惋惜之心。"金井"一称，更是入木三分。能够如此地评价才情出众而地位卑微的薛涛，让我们深深地感受到戴燝的善良、正直和高尚。

戴燝的山水诗同样写得大气而细腻，在《借七夕同赋》的诗中，有一句特别让人心动："杯涵寒色千峰暮，赋就雄风万里长。"何等的气派！

拜访古代先贤

壮志未酬林秉汉

◎ 华 平

在号称"临漳第一胜处"的长泰天柱山上，明朝浙江道监察御史林秉汉有诗题"天柱迷樵径"，诗中写道：

> 万仞高峰百转低，遥遥绝顶碧云齐。
>
> 菁葱古树无樵径，寂寞孤僧共鸟栖。
>
> 欲借蒲团消幻障，故教荷杖费攀跻。
>
> 仙人待我蓬莱上，石室丹邱路不迷。

诗句气势磅礴，大气凌厉，确有大家风范。

如今，站在长泰县林墩寨，一棵棵硕果累累的老龙眼树，或扎根寨墙，或延伸厝角，记录下数百年的沧桑巨变。林墩寨以其形似麒麟而称为"麒麟寨"，此称号给人的感觉就是吉祥如意。有道"福地福人居"，高安军首领林承休威名远扬，接过他的接力棒的是诞生在林墩寨的林秉汉。不用赘言少小多有惊人句，不用赘言人品敦厚宽人心。踏上林秉汉的古厝，老屋依在，传奇故事也跃然脑中。依稀望见，更深夜静时，对面私塾的小先生林秉汉下山归家，据说持灯的是代表慈善的"大头鬼"，他庇护的是未来国家的栋梁之才。

传奇的生成，源自人物特殊的影响力。四百年后的今天，我们再次踏上林墩寨对面的"忠谏府"，在静听远观之后，"忠谏府"幻化成一把弦动声鸣的琵琶，而周围的群山也演绎着"虎、豹、象、狮、麒麟"聚成的"五兽听琴"。"林氏祖祠"内，长联醒目，"天地完人阅一时而仅见，山川正气历百世以长存。""前太傅后翰林累代簪缨绵世泽，祖直臣孙忠谏两朝诰命振家声。"诚然，"功过自有后人评"，如此联句，蕴含的正是对一个心装百姓

端午吊屈原
[明]林秉汉

天中逢令节，
投黍吊灵均。
当日魂归楚，
他年地入秦。
江流千古泪，
鱼葬此生身。
谁反离骚赋，
宁知独醒人。

的好官的极力推崇。

在正义与邪恶的战场上，弥漫的硝烟似乎未曾散尽，从唐魏征力谏太宗以定国，从贾谊上书《过秦论》以安民，我们不难看到，大凡忠谏者，撞个头破血流，便在所难免了。自屈原汨罗江殉身以来，生于"五月初五"的人便多了一份忌讳，危言耸听者说："此日出生，实属不祥！"林秉汉正是此日生人，他敬重忧国忧民的"三闾大夫"，他把范仲淹的"先天下之忧而忧，后天下之乐而乐"作为自己的座右铭。既然这样，自己的身家性命便在其次了，于是，"路漫漫其修远兮，吾将上下而求索"便成了林秉汉一生不变的信念。

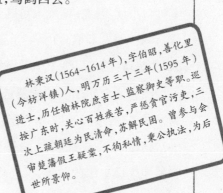

跃居进士入住翰林院，是林秉汉获取的报国门票。而后节节拔高的官衔，又为他酬国志开了一路的绿灯，终于，林秉汉有了"江南道监察御使"的尊称，在威严的车队保护下，巡按广东。广东之行提升了林秉汉在百姓心中的形象，广东之行也让林秉汉惹下了不小的祸端。体恤民情的林秉汉，微服出行，搜集到太监李凤以采珠为名鱼肉百姓的罪状，会同两广总督戴燿，三次上书，款列"七宜罢"，要求朝廷停止采珠。其书力陈用人雍滞、边饷虚弱、宗藩拘挛三大弊端，并议勘楚藩，触动了垂暮的皇家的痛处，并遭到了别有用心的首辅沈一贯的陷害，降职五级，贬官贵州按察司检校。

"出师未捷"成了林秉汉心中缠绕的情结，壮志未酬势必为他带来沉闷不堪，带来忧心忡忡。称病告归的林秉汉，选择长泰县竞秀山定居下来。回顾数十年的腥风血雨，映现着古道长亭黎民的依依真情，不禁感慨万千。最终，林秉汉还是没能跨过51岁的门槛，驾鹤西去。

我们承认历史的偏差与误会，就像我们认可明天启年间，皇帝如梦初醒后的追赠。从此以后，在祭堂上多了"忠宪大夫""太仆少卿"的称号，多了"文端"的谥号，多了"忠谏"的诏封。如今，斯人已逝，再读林秉汉的遗著《长山集》《尚友堂文集》等，作者的才情横溢，风格高雅，廉洁奉公让我们钦仰，让我们动容！

林秉汉(1564-1614年)，字伯昭，善化里(今坊洋镇)人，明万历三十三年(1595年)进士，历任翰林院庶吉士、监察御史等职。巡按广东时，关心百姓疾苦，严惩贪官污吏，三次上疏朝廷为民清命，苏解民困。曾参与会审楚藩假王疑案，不徇私情，秉公执法，为后世所景仰。

天成"山鹰"杨莹钟

◎ 思 遥

"采菊东篱下，悠然见南山。"陶渊明的心境，与在长泰天成山上读书、成名以及日后归隐此山的明代布政史杨莹钟有异曲同工之妙。

游客攀登天成山，也跟着走进一部浓郁的人文历史，山是绮丽幽奇的山，水是清澈鲜洁的水，人呢？更是兰馨惠质，洁身自好，美名远扬。

循着杨布政上山的足迹，那宽敞非凡的"布政厅"，那香烟缭绕的"瑞烟岩"，那历经沧桑的石阶古道，无一不在引领游者迈入更深的境地，去阅读这位长泰青史上的名人。

以人才辈出为豪的杨氏家族，在《漳州府志》称："杨氏之当官牧民，犹见两汉吏绩焉。夫何泰邑之多君子也，天成（山）奇绝著图经然。"可见，杨莹钟自小便生活在仕气十足的家庭里，父亲杨泰携子杨莹钟、杨鼎钟在天成石洞读书。天成青山幽异，让人心明眼亮，自然可以静心造学，杨氏三人，才气得以彰显，终于在小小的长泰县邑里有了"一门三举人"的传扬。

经历了金榜题名的杨莹钟带着一身正气，走马上任，他明白"当官不为民做主"的不齿，他知道"花翎""官印"的沉重。那年，一道任命书把杨莹钟送到赣州，在庄稼歉收，哀鸿遍野，饥民褴褛时，时任知府的杨莹钟义不容辞地捐出自己的薪俸，又一声令下，开仓平粜米谷，竭力拯救濒临死亡线上的灾民，此举获得百姓的颂扬。杨莹钟为人慈善，他见不得活生生的小生命被无辜戕害，当时的赣州"男尊女卑"的意识导致溺死女婴成风，热爱生命的杨莹钟倡建育婴堂，收养弃婴，同时，又出台有关政策，禁令溺婴恶习。而且，在今天经常提及的"俭朴婚育新风"，早已在杨知府的倡导之下进行有效运作了。由此可见，当时的杨莹钟颇有一些改革者的风范了。

不久，杨莹钟走马上任岭东道台，针对当地的实际情况，他把工作的指挥棒指向水利、工防。有道"水火无情"，杨莹钟为了使百姓安居乐业，组织专人大举兴修渠坝。一方水土养一方人，在任期间，他分析县情，组织修筑碉堡，以防备当时频频入侵的倭寇。杨莹钟的种种措施十分有力，政绩显著，升任广西左布政使。他的居安思危特别值得后人借鉴，俗语说："晴天需备雨天粮。"没有一定前瞻力的官员，能是一名好官员吗？

民间传说中，杨莹钟是天成山鹰的化身。从他在职的所为，看得出他果敢、勤政、爱民，具有山的稳健，具有鹰的凌厉。他深入民间，熟识民情，感念民疾，在其力所能及之下，减轻徭役，均平税赋，革除弊端，改革陋习。百姓感激杨布政的恩泽，自发建祠膜拜，虔诚敬仰。当时，阉党横行，朝廷无力，杨莹钟的高涨人气无疑使奸党惊慌，他们先以利相诱，魏忠贤的义子崔呈秀，竭力拉拢收买杨莹钟。一身正气的杨莹钟丝毫不为所动，拒不就范，为此受到严重排挤，可他仍然无悔自己的选择。

天启年间，杨莹钟告老还乡，隐居天成山。他带着石匠在岩顶设置工事，凿筑城垛。洞口形势险要，易守难攻。洞中贮积米粮，足以固守。据传他建有万石楼、清虚阁、巢父居、心远堂等，还重修了瑞烟岩。他幽居青山，集徒讲学，以书史为娱，时达数十年，留下不少传奇的故事。

杨莹钟（1567－1653年），字亮闳，在坊（今县城）人，明历三十二年（1604年）进士，历任户部主事、知府、布政使等职。任地方官时体恤百姓疾苦，减轻徭役，倡修水利，发展生产，救济灾民，革除陋习。定地方，告老还乡后，隐居天成山。

文昌长泰

【海峡二十七城市历史文化系列】

◎│"忠谏"之士卢巡按│◎ 蔡宏华

卢经"忠谏府"踞于长泰县枋洋镇高山之巅,此村叫"青阳村"。山道弯弯,崎岖的小径上留下的脚印似乎未曾消除,只因那青天下岿然不动的"忠谏府"。至今,历经数百年的"忠谏府"逢年过节,依然人群济济,为了不该忘却的"急路先锋"。

卢经忠谏府

位于善化里青阳社(今枋洋青阳村),建于明代,为宫殿式建筑,屋脊饰有青龙,厅堂高悬"忠谏"匾额,纪念监察御史卢经。门口立有旗杆石。

云雾缭绕的时节,梯队般的茶园散发阵阵清醇的茶香,好茶育良才,青阳卢氏六世祖卢经便是从这崎岖不平的山道上迈向科场,迈向宫殿,直至上表纠劾,斗智斗勇。他疾恶如仇,他刚正不阿,在自己的人生轨迹上书写遒劲的"人"字,成为众人交口称颂的"勇士"、"清官"、"脊梁"、"擎天柱"。"文死谏、武死战"在中国的历史上屡见不鲜,卢经因为民请命而惹祸上身,他身上的光辉亘古不逝,永葆亮色。

中国封建社会的历史太悠久了,昏君、暴君、奸邪小人尤其多产,因而与之抗争的忠直之士也因之令人注目。今天,我们不由自主地为卢经不公平的命运而叹惋。卢经生活跨针锋相对、你死我活的明、清两个朝代,明朝"学而优则仕"让卢经"竞得一朝显赫时",成为明朝重臣,两次奉命封藩,先在行人司任行人,后被提为四川道监察御史,任职都察院,又奉命巡按河南道。自古以来,"逆龙颜","忤人主"的行为,常常为明哲保身者所忌讳,不过位居巡按的卢经却信奉"是非之心,智之端也"。在今日的中国大地上,尤其需要这种甄别是非曲直的精神,而且还需要让这种精神发扬光大。倘若真的做到路见不平有人铲,又何愁社会不繁荣昌盛,人民不安居乐业?

明崇祯7年(1634年),河南道在皇亲国戚、土豪官绅的大肆"暗箱操作"

64

胡作非为下，民怨冲天，可此时日趋颓废的王朝却闭目塞听。当时，混水摸鱼者有之，明争暗斗者有之，频进谗言者有之。卢经奉命巡按河南道时，发现皇亲莱阳郡王朱肃颎凭宗藩特权，霸占民田、欺压百姓的罪行。那时日，卢巡按颇费思量，并进入"两难"状态：据实上谏，岂不推翻"大树底下好乘凉"的经典之说？违心奏疏，又失却自己"勇士不却死而灭名"的远大志向。一番权衡之后，舍生取义最终占了上方。于是，在皇室内外，便有了"多行不义"后的惊慌，便有了朝寻暮访的艰辛，便有了皇宫深苑的骚动。卢经证据确凿，措辞尖锐，五次上疏，弹劾藩王，揭露宗藩制度的弊害。"五次"的上奏，触及本已满目疮痍的封建王朝，就连普通的百姓都明白的"虎穴难人"的浅显道理，却遗忘在耿直忠义的卢经身上。"言必行，行必果"的刚毅使他落个龙颜大怒、削职贬谪的后果。说到这，我们似乎看到，那曾经踌躇满怀、投身报国的背影是那么苍白无助；那强摘硬解的红翎和官袍是那样的触目惊心；那"不意沦为阶下囚"的难酬壮志的遗憾是那样的揪人心肺。

"风萧萧兮易水寒"，就像一阵秋风卷过，被遣返的卢经叶落归根，在同安县杜桥定下栖身之所。人世间的艰险是如此的深不可测，卢经驻足人世79载，不枉此行！

历史就像个超大容量的大磁盘，储存繁多的信息，诸如卢经之类的忠谏之士，是每个期翼有所造就的王朝必须树立的典型，终于，清雍正元年（1723年），朝廷给卢经恢复名誉，诏令入祀县忠孝祠；雍正5年（1727年），又授与"忠谏"美名，敕命建祠。数次的修缮，为我们保存了这具有时代意义的人文景观。

如今，跨进这座面积约250平方米，二进一天井的卢府建筑，我们投去更多赞佩的目光！

卢经（1571-1649年），字乔权，善化里（今枋洋镇）人，明天启五年（1625年）进士，历任监察御史、巡按都察院等职。时皇亲藩王凭恃特权，欺压百姓，胡作非为，他不畏权贵，上疏朝廷，痛揭宗藩制度之危害，虽招致牢狱之祸，尤不改其志。其高风亮节，名闻朝野。

"惟勤惟廉"刘侍御

◎ 邹嘉铭

刘侍御赞
[明]黄道周

熙朝之愿,三发阉坚。
以宗社灵,虽炽亦替。
魏珰始爝,尚于直瑾。
九锡将加,震出乃殄。
诸贤伐鼓,则迈陈窦。
虽蹈水火,亦免有救。
吾乡之哲,有周仲先。
长瑄岳岳,几与祸骈。
近闻之出,自投远塞。
及睹日月,用慰亲在。
谷木冰渊,视彼宛鸠。
长松早涧,亦垂千秋。

《刘侍御赞》节选自
黄道周为刘其忠所写的
传记。

黄道周(1585—1646
年),字幼平、幼玄,号石
斋,漳浦铜山所深井(今
属东山县铜陵镇)人。历
任右中允、翰林院侍读
学士等职。在南明政权
任礼部尚书、武英殿大
学士、兵部尚书兼吏部
尚书。后被清军所俘殉
身。学识渊博,工书善
画,勤于授业,学子遍及
南北诸省。

明朝后期,专制集权,登峰造极。阉党,窃弄威柄、结党营私;鹰犬,当道塞途、混淆是非。山河日下,夕照沉悲。在这种"批龙鳞难于履虎尾,冒斧锧难于避锋镝"的时代,一群刚直不阿,正气凛然的儒士贤人——东林党人傲然挺起,顾宪成、周顺昌、李应升、高攀龙、杨涟、左光斗……以书生意气托起一股"乾坤正气",书画了黑暗中的一点亮色。

当恶势力猖獗狂妄之际,有的人苟且偷生、不辨是非,有的人改弦易辙、同流合污,有的人为虎作伥、助纣为虐,而从长泰走出的一位铮铮铁骨真汉子——刘其忠,拒绝乌貉之合唱,毅然追随东林诸贤,坚守自己的理想与信念,宁为玉碎,不为瓦全,励行殷忧,"惟勤惟廉",勇敢地将宝贵的生命、个人的荣辱系于天下社稷之安危中。

刘其忠自幼致力经史,勤奋好学,抱负远大,才华横溢。十二岁便为邑试冠军。文章辞赋名冠文坛,备受当时士大夫推崇。刘其忠不仅是个有名的孝子,对待朋友也是一腔赤诚。正是从小养成的这些优良的传统美德,引领他在日后的仕途上有所作为。

刘其忠三十四岁中进士后授湖州司理,履任后锐意整饬,打击豪强,体恤穷民,减轻百姓负担,为地方兴利除弊不遗余力。数年间,湖州民淳俗厚,政绩斐然,百姓交口称赞,誉为"神君"。有为才有位,刘其忠以卓越的政绩被普升为湖广道监察御史。随着政治地位不断升迁，政务更为繁重，刘其忠脑袋里不是想着封妻荫子，而是深自勖勉，立志做一个名副其实的称职廉官。他先后上疏揭露朝廷兵饷存在的积弊，对西北边防的守备事宜提出切实可行的主张，受到同僚的赞许。

刘其忠如果就这么默默地勤于公务，也没什么意外发生，恐怕他的人生也就淡如常人了。但是刘其忠就是与常人不一样。他把自己的命运完全和社稷安危捆绑在一起。当时宦官魏忠贤把持朝政，掌管特务机构东厂，权倾朝野，戕害忠良，令人发指，凡是有不同声音的都要铲除。无数东林党人无辜冤死狱中，多少东林书院被毁。东林党的领袖人物副都御史杨链上疏弹劾魏忠贤，不仅疏信送不到皇帝面前，本人也惨遭陷害。刘其忠本可以沉默、回避，他的父亲也曾致书告诫他慎重行事。刘其忠在复信中说："风波由命，谊不可逃，惟勤惟廉，臣子自勉。"好一个"惟勤惟廉"！可顶撞恶势力，哪有不付出代价的？然而，刘其忠早已将个人安危置之度外，他不能容忍魏阉继续横行霸道祸国殃民。没有犹豫，没有退缩，刘其忠紧紧追随东林诸贤。他在金銮殿上慷慨陈词，发出一个正义之人应有的呼声："魏忠贤罪证确凿，死有余辜，皇上应当机立断，将其交会法司，昭下典刑，以慰列祖之灵，以谢天下之愤。"刘其忠，一腔正气撼乾坤。

果然，刘其忠遭到了阉党的疯狂报复，他被远投兵荒马乱的甘肃，次年，被强加结党之罪名革职还乡。刘其忠沉浮宦海，困顿、挫厄之中，他没有后悔。他相信，人间自有公道在。不几年，恶有恶报，阉党终于被剪除了，刘其忠也以忠直敢谏官复原职。

"天地有正气，杂然赋流形。"与他同一时代的漳州籍爱国学者黄道周，作《刘侍御传》，彰显刘其忠宦海一生：疾恶如仇，忧国忧民，鞠躬尽瘁。清朝雍正元年颁诏奉祀刘其忠于忠孝祠。我们赞赏范仲淹"先天下之忧而忧，后天下之乐而乐"的百姓情怀，赞赏林则徐"苟利国家生死以，岂因祸福避趋之"的爱国情怀，而刘其忠"风波由命"的坦荡胸怀、"惟勤惟廉"的高风亮节和"励行殷忧"的爱国忠心不也一样值得后人仰视吗？

刘其忠（1582-1632年），字长琯，在坊（今县城）人，明万历四十四年（1616年）进士，历任推官、监察御史等职。办事秉公执法，为人刚正不阿。时宦官魏忠贤专权乱政，戕害忠良。他置生死于度外，上疏弹劾魏忠贤祸国殃民罪行，被贬回乡。明末鸿儒黄道周曾撰文予以高度评价。

拜访古代先贤

文昌长泰

【海峡二十七城市历史文化系列】

学识渊博叶翰林 ◎ 王之波

明末清朝,在长泰出了这么一位学识渊博的"乡贤"——叶先登。外任也好,回乡也罢,他都自觉做学问,以学问为官,以学问服人。

"纸上得来终觉浅,绝知此事要躬行。"博学多才的学者,光有才情是不够的,还必须勤奋积累,深入生活,善于总结实践经验。叶先登一生穷究学问,并在当官的过程中不断实践。叶先登宦海沉浮二十几年,他不是处心积虑一门心思往上爬,而是每到一个地方,不管政务有多繁忙,他都要在工作之余认真搜集当地资料,研究军政名人要事。这些都是为了日后撰史之用作准备的。著书立说,除了在态度上必须耐得住寂寞,在执笔上更要求客观公正,来不得半点隐讳夸饰。叶先登深受太史公作史必实原则的影响,在积累史料时,对官员历事进行记叙与褒贬,都是有根有据,从不讳饰。当时,一位劣迹斑驳的抚军,就曾托人前来恳求叶先登对自己重褒轻贬。叶先登不但不领情,反而坚持求实原则,断然拒绝。由此,叶先登忤逆了抚军,后改授青州,离开了京城。

由于出生贫寒,叶先登尽管走上了仕途,仍带着同情百姓的一颗心。无论宦海沉浮,始终体现出一个贤人高尚的风格。虽然被贬离京,远谪青州,但叶先登没有气馁。上任后,他一心为百姓着想。看到当地强盗横行,官匪沆瀣一气,鱼肉百姓,欺压黎民,叶先登不是同流合污,而是站在了百姓这边。他采取措施,组织乡民,习武防卫,缉盗锄奸。不多久,青州百姓安居乐业,社会风正气顺,得到了老百姓的热烈拥戴。三年后,当叶先登即将离职时,又发现一些地方

石臼所观海
[明]叶先登

沧溟极望接天遥,
万里长风送晓潮。
幻气曾闻蜃作市,
痴人谁见石为桥?
波臣宾客何年盛,
海国鲸鲵此日骄。
慷慨兴怀破浪者,
防秋赳赳正鸣镳。

石臼所属今山东日照市,观海之处在日照的奎山。相传,秦始皇求"长生不老药"时,曾在此观海。

68

官吏利用征收军粮敲榨百姓。离职在即，叶先登本可以袖手不管，可他放心不下青州的老百姓，于是延搁时日，再次深入调查情况，一再悉请当道减轻百姓负担。像这样的好官，真乃百姓的福祉！

康熙初年，在外漂泊了几十年的叶先登回到长泰定居，并把他的满腔学识毫无保留献给了故乡。叶先登热心致力于家乡的教育事业，他一方面协助修建学宫，另一方面亲自培育教授人才。在他的教诲提携下，长泰出现了进士吴一蜚、举人林大用等。叶先登还热心家乡事务，曾出面协调修建虎渡桥之事。事情缘于龙溪县的江东桥（又名通济桥、虎渡桥），曾屡毁屡修。清顺治九年此桥再次遭毁。龙溪县令以长泰有虎渡桥为据，要求长泰县协修。叶先登出面力争，桥名虽同而非同一座桥，江东桥非长泰县所辖，江东修桥，与长泰县无干。叶先登的建议事理分明，得到漳州府巡抚的采纳，为长泰百姓减除了不必要的负担。

学识渊博与德高望重往往是孪生兄弟。康熙十七年（1678年），郑成功部队进驻长泰，叶先登被俘，幽禁鹭岛。不料两人似有相见恨晚之意，英雄与才士相抚相惜。一番意兴勃发的长谈，郑成功佩服叶先登的胸襟、学识与德行，非但没有对他不恭敬，反而以礼相待。叶先登也因此进一步了解了郑成功以民族利益为重的志向。后来，郑成功亲临码头，礼送叶先登回泰。

康熙二十六年（1687年），耄耋之年的叶先登参与编修《长泰县志》，以其毕生的阅历和积累，为长泰奉献了第一部体例较完整的县志。

并头莲
佚名

三寸毫端千朵花，
双头菡萏那堪夸。
嘉禾异亩曾同颖，
不赋农祥赋物华。

清顺治三年（1646年）六月，长泰恭顺里郭山社（今属古农农场石古作区）叶先登书馆前的田圳中产并头莲。初苞如丫髻，及开，数舒灼烁。二旬两旁结子。好事者，携酒赏之。

叶先登（1601-1691年），字岸伯，恭顺里郭山社（今古农农场石古作业区）人，清顺治九年（1652年）进士。历任翰林院检讨、参议、副使、别驾等职。任职时恪尽职守，缉盗锄奸，民赖以安居乐业。致仕后热心公益事业，参与编县史，修学宫，颇有建树，被誉为乡贤。

拜访古代先贤

69

著作等身林廷擢 ◎ 王植

登科山馆
[清]林廷擢

锦城烟火乐朝昏，
槛外长溪带远村。
移石都成渍海色，
债云为补嶂山痕。
新招墨菊悬钟馨，
昔有红妆唱酒樽。
嘉果旧时香不尽，
寒蛩唧唧赋秋园。

登科山位于长泰县城，又名竞秀山、来青山。林秉汉等长泰名人在登科山建有馆舍，安度晚年。

汲取前人文化所长，择古今治乱史迹，辑为《寿世方书》等书；认为周礼繁而不要，作《周礼说永》等书；以廿二史得失，作《春秋贯旨》等书；据官礼参酌古今，作《春秋衍义》等书；以帝王法治为例，作《尚书启筵》等书；择取史书记载，辑为《史家记事珠》等书；择取明史，作《明史纲目》等书；精心钻研《周易》，作《地理新解》等书，以正地理学说的谬误；工于诗赋，编有《扁麤》、《榕径》等诗集；长泰县令张懋建编辑《武安风雅》，辑用他的诗歌百余首……在长泰是谁能有如此繁富的著作？他，便是长泰历史上治学范围最广、著作等身的大学者林廷擢。

古有骆宾王七岁能赋《鹅》诗，长泰亦曾有林廷擢七岁而能作制义。林廷擢，就是这么一位奇人，他虽科考登第，却不为功名利禄所动，不为荣华富贵所淫，一心向文。他身隐书斋，博览群书，他穷究学问，著书立说，以实际行动践行"文章千古事"的理想。

林廷擢自幼聪慧伶俐，从小便立下了远大的志向。"万般皆下品，唯有读书高。"他的祖父林道宗是个很有见识的人，对林廷擢从小精心调教。邻人可以经常看见祖孙两人在龙仙庵吟诗作对。林廷擢勤奋刻苦，博采众家之长，学业日益精进。一次，朝廷观察使史公来漳州，自负大雅，观风试士。

他对各县学子的文章都不甚满意，而当他看了林廷擢的文章后却大加赞赏，列之为各县童生之首。于是林廷擢的名气在漳州一带就传开了。顺治三年（1646年），林廷擢参加乡试，中第八名举人。经观察使作媒，林廷擢与镇威将军朱指挥使的孙女缔结婚缘。而这件美满姻缘正是林廷擢学业一个新的开始。

也许正是动荡的社会打破了林廷擢一番经世纬业的雄心壮志，林廷擢看破了俗世凡尘，在他的眼里，功名资财，良田巍楼，不过过眼烟云。成家就该立业，作为家庭顶梁柱，加上他的能力才华，入仕为宦，养家糊口，既责无旁贷，又无可厚非。但是为了另一种高贵的文化选择，成就另一类人生，林廷擢选择远离喧嚣，甘于清贫，甘于寂寞。他义无反顾地驶入了以"苦"为舟的茫茫书海。"书山有路勤为径。"林廷擢愈加发愤读书。他博阅无数圣贤经书，专心致志，刻苦钻研，几至废寝忘食。攻修程朱理学，穷究六经义理，都能有自己独到的见解。终于，积土成山，积水成渊。六年的寒窗苦读，为他日后的著书立说打下了扎实的基础。

"锲而不舍，金石可镂。"厚积薄发，量上的足够积累终究就会有质上的改变。一个真正的学者，如果整日沉湎于故纸堆中而无所创制，那么他的学识再好也不过是撷拾前人牙慧，没有什么价值和意义。精神世界的东西毕竟十分抽象。在古代社会，文字是传承文明最重要的载体，是许多文人墨客个体生命气息留存最重要的表象。著书立说，成为中国古代学者实现自我的传统方式。林廷擢一生有了丰厚的积累，加上又能耐得住寂寞，他一生闭门著书立说，给后世留下很有借鉴意义的著作。

林廷擢著作等身也从某一个侧面表现了长泰士人从自发到自觉的文化选择。今天，物欲横流，熙来攘往，一年到头，有几人能静下心来读几本书？更别说要长年守住冷板凳，一心只读圣贤书。浮华的利益追逐中，人们悄悄丢失的岂止是文化追求？对于一个地区一个民族的发展来看，文明需要传承，文化得靠创造，多一点人文关怀，提倡多读一点书，真是应该。

林廷擢（1627-1685年），字元公，方成里（今武安镇）人，清顺治三年（1646年）举人。因朝廷腐败，世风日下，无意仕途，闭门读书，钻研《五经》义理，含英咀华，发为文章，著述达百余卷，有史论、文赋、诗词等。其治学之广，著述之丰，为长泰仕人所仅见。

◎ 清誉卓著谢谦亨 ◎ 李如茵

鸦片战争前夕，中国已经处于封建社会的晚期，危机四伏。从乾隆后期开始，清朝政治的腐败日益暴露。官场结党营私，互相倾轧，买官鬻爵，贿赂成风。从19世纪初期四十年间，英国向中国无耻地大量走私鸦片，更是严重危害了清朝的统治。1840年，英国发动了蓄谋已久的侵略战争，中国历史急剧进入一个屈辱的转折时期。在国难当头，国运日衰，世风污浊的社会背景下，谢谦亨，1845年登第，成了长泰历史上最后一个文进士。作为一个封建士大夫中的有识之士，谢谦亨饱受忧患，在污浊的官场中独树一帜，清誉卓著。

厚德载物。谢谦亨首先是个读书人，他心气清高，人品纯洁高尚，从不随波逐流。但他不是目中无人、不识时务，更不是书呆子，他不因个人升降荣辱而悲喜无常。虽身居要职，却心系百姓。他先后受授刑部主事、军机外行走、员外郎、江南道监察御使等职，为政多有建树。在任官职期间，每到一处，必勤于职守，秉公办事，处理一些棘手的案件，往往十分执著谨慎、有条不紊，深得上司及同僚的赞赏。谢谦亨不被物欲与虚荣心的诱导而丢失一份清心，丢失一份境界与姿态。谢谦亨一生所作的一切，到底图什么呢？正是为了挽救民族于危亡的那份执著。

谢谦亨在官场上的清廉有为，恰恰反映出了他深切的百姓情怀。谢谦亨时宦时民，历经道光、咸丰、同治、光绪四朝。当他从宦海上回归到乡民之间，他处处想到的都是百姓。咸丰八年（1858年）因父亲逝世，他居家守

征人晚行

[清]谢谦亨

日落千林曲，
征车暮霭间。
钟声黄叶寺，
人迹白云关。
对雁深乡思，
当秋老客颜。
我行犹未了，
几度越空山。

孝。居乡之日，谢谦亨看到家乡长泰有不少田地荒废，原因是田赋不减，百姓负担繁重。于是，呈报官府获准，对田地重新丈量，并按实际核算田赋，使百姓负担得以减轻。守孝期满后，谢谦亨未回京复职，移居漳州乌衣巷，在漳州丹芝书院掌教期间，敦品励行，敦敦教导，人才辈出。他还在家乡置学田、建祠堂，兴办公益事业，因此深得府邑父老及学子的敬重。晚年的谢谦亨厌倦官场，辞官归乡。回乡后，他一边继续为家乡教书育人，一边以读书自娱，过上陶渊明般返璞归真淡泊的清静日子。

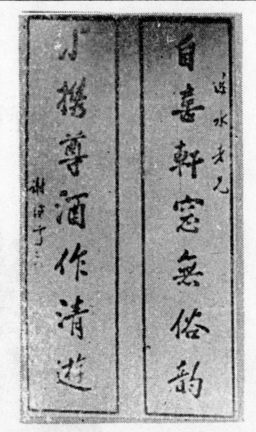

"九州生气恃风雷，万马齐喑究可哀。"文字狱的箝制，死气沉沉的思想界，多少文人志士在压抑中失去理想和意志而苟且。当西方侵略者的坚船利炮打开了腐朽的封建大门，龙的传人被惊醒了。经世致用的新思想逐渐兴起，人们开始关心现实，倡导变法革新。谢谦亨生活在社会骤变、民族堪忧的近代，他的思想也紧紧跟随时代的脉搏。他在"芸馆十行书凤尾，沧波万里驾鳌头"、"壮行志合经纶展，老健身为著作延"、"自喜轩窗无俗韵，小携樽酒作清游"等诗句中，表达了志气奋发、慷慨用世的情绪面貌及其清高的人品。

聚沙成塔，集腋成裘。一个人的力量也许渺小，难挽狂澜。但"天下兴亡，匹夫有责"。如果每一个炎黄子孙，都把个人安危与民族命运相联系呢？

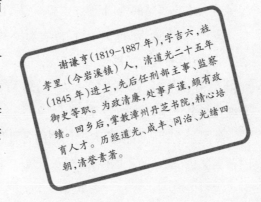

谢谦亨(1819-1887年)，字吉六，旌孝里(今岩溪镇)人，清道光二十五年(1845年)进士，先后任刑部主事、监察御史等职。为政清廉，处事严谨，颇有政绩。回乡后，掌教漳州丹芝书院，精心培育人才。历经道光、咸丰、同治、光绪四朝，清誉素著。

日光岩望台湾

[清]林鹤年

海上烟云涕泪多，
擎天无力奈天何！
仓皇赤壁望诸葛？
还我珠崖望伏波。
祖逖临江空击楫，
鲁阳挥日竟沉戈。
鲲身鹿耳屠龙会，
匹马中原志未磨。

林鹤年（1846-1901
年），祖籍长泰林墩。光
绪十八年（1892年）任工
部郎中，派赴台湾承办
税捐、铁路建设。文学造
诣精深。所著的《福雅堂
诗钞》大多为抗日保国、
心系台湾之作。被誉为
晚清爱国诗人，与黄遵
宪、丘逢甲并称为"晚清
闽粤诗坛三大家"。

◎ 爱国史家连横 　◎ 山子

一曲《娘，大哥他回
来了》令多少人潸然泪
下。六十年，六十年的风
起云涌，国共两党领导
人再次相聚。2005年4月
29日，当胡锦涛总书记
郑重地接过连战主席手
中的《台湾通史》时，全
场掌声雷动，为这份宝
贵的爱国礼物。

"古人有言，国可
灭，而史不可灭。"此言出自《台湾通史》的自序。《台湾通史》是我国第一部
台湾史籍。《台湾通史》记载了日本帝国主义侵略台湾的历史，并且详细叙
述了大陆人民开拓台湾，与台湾同胞抗击荷、英、法、日等帝国主义的战争，
以无可辩驳的事实证明台湾自古就是中国的领土。革命家、思想家章太炎
先生称赞《台湾通史》中的爱国思想是"民族精神之附，为必传之作"。作者
连横是个才气横溢的爱国史志学家、诗人，他正是连战主席的祖父。

连横，博古通今，善文工诗，既有深厚的爱国情怀，又有强烈的史家使
命感，在自己的人生道路上书写出大气磅礴的"中国人"。终其一生，他以一
介报人，在振笔疾书谈论国事，以一支犀利之笔极尽书生报国之志的同时，
念兹在兹的仍是以修史为己任。

他是一名执著的修史人。他利用各种机会广泛搜集史料，无论是17岁
时罹遇父亡、割台的家国两难之际，还是35岁时畅游祖国之时，连横不仅搜
集了大量的第一手资料，更觅得三十余种海内外有关台湾史著之孤本，因
其弥足珍贵，后特编成《雅堂丛刊》。在搜集材料的过程中，每有所感，连横
都随即记下。31岁起，连横在大量积累的基础上开始撰写《台湾通史》，历经

十年，1918年8月1日，《台湾通史》撰毕。连横在其台北的"书房剑花室"写下的自序中，道尽修史之因由与艰辛，也洋溢出夙愿已偿的欣慰。文云："横不敏，照告神明，发誓述作，兢兢业业，莫敢自遑。遂以十稔之间，撰成台湾通史，为纪四、志二十四、传六十，凡八十有八篇，表科附焉。起自隋代，终于割让，纵横上下，钜细靡遗，而台湾文献于是乎在。"

他是一个造诣极高的诗人。纵观诗人回大陆厦门期间的诗作，我们钦佩之情油然而生。面对郑成功在岛上的遗迹，他曾写下不少针砭时世、感怀国难的爱国诗歌，如他在《游鼓浪屿》一诗写道：

倚剑来寻小洞天，延平旧迹委荒烟。

一拳顽石从空坠，五色蛮旗绝海悬。

带水犹存唐版籍，伏波已失汉楼船。

日光岩畔钟声急，时有鲸鱼跋浪前。

他还在郑成功当年为屯兵而凿的"鹿泉"吟诗：

痛饮狂歌试鹿泉，中原何处着先鞭？

麾戈且驻乌衣国，倚剑重开赤嵌天。

故垒阵图云漠漠，荒台碑碣水涟涟。

时朝鼓浪山头望，极目鲲溟几点烟。

他的诗作无论所用典故，或其精神底蕴，都独树一帜，有很高的鉴赏价值。

他是一个锐意改革者。自榕返台途经厦门时，应聘主持《鹭江报》笔政，发表过主张男女平等和人权新说文章，名噪一时。在当时出版的《鹭江报》第61册，连横公开发表他的政治观点。他在《惜别吟诗集序》一文中写道："同此体魄，同此灵魂，男女岂殊种哉？""呜呼！中原板荡，国权丧失，欲求国国之平等，先求君民之平等；欲求君民之平等，先求男女之平等。洒笔书此，以告景商，并以质天下之有心人也。"言词相当激烈。试想，在封建主义千百年的压制下，"女子无才便是德"道貌岸然地挂在统治者的口里，连横能力排众议，为女权呼吁，足以体现他的果敢与韧性。

连横一直谨遵祖训，牢记自己中华民族的根，他一生五次内渡，其中两度在厦门办报，并加入中国同盟会，成为一位真正的反对封建专制、反对帝国主义的

寄刘渊亭台南云
[清]林鹤年

五百田横气尚雄，
曾闻孤岛盛襃忠。
誓心天地中原泪，
唾手燕云再造功。
不信黄金能应忾，
谁教赤嵌擅和戎。
兵销甲洗天河夜，
双手澜回力障东。

刘渊亭即刘永福，
清末著名爱国将领。

连横(1878-1936年)，字武公，生于台湾，祖籍长泰县善化里(今枋洋镇)。学识渊博，精通经史。著有《台湾通史》、《台湾语典》等，阐明台湾自古乃华夏之邦也。他积极参与台湾人民反日斗争，常怀爱国思乡之情，曾多次还居大陆，后病逝于上海。台湾立有连横铜像以示纪念。

拜访古代先贤

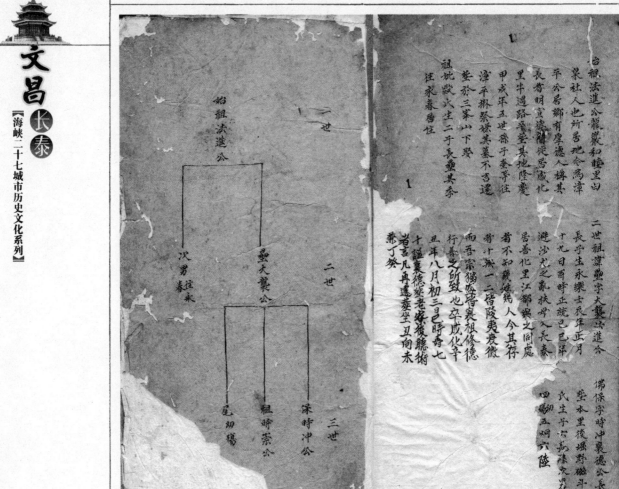

斗士。

　　陆游留下的"王师北定中原日,家祭无忘告乃翁"令人感叹。"今寇焰迫人,中日终必一战,光复台湾即其时也。汝其勉之!"也是连横在临终前告诫其子连震东的话,这是一位心系国家安危学者的肺腑之言。连横的预言十分准确,不久以后,便有了轰轰烈烈的抗日战争。

　　"读史使人明志"。今天,捧着这部沉甸甸的《台湾通史》,我们知道:历史更替,世事归真,亦归正。

感悟绿色山水

　　国家级生态示范区,这是一张让长泰人最为自豪的名片。因为,在今天这个时代,这样的名片不是那么容易得到的。它不仅要有先天的遗传,还需要后天的努力。不敢说,这种努力在长泰已经尽善尽美,但至少,让我们看到了希望。如果一定要说长泰的山水与别的地方相比有什么特别之处,我以为就是绿得真实、绿得纯朴、绿得一点都"不做作",就像大山里的村姑,带着质朴和纯真,让人一眼难忘。

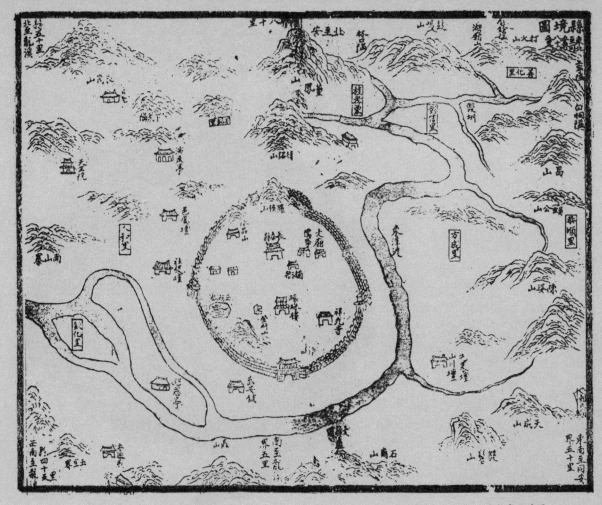

古长泰县境图

乾隆版《长泰县志》这样描述古长泰形胜：

　　良冈衍脉于后，登科献秀于前，蜀山左距，西峰右峙，
泰之诸山，蜿蜒磅礴秀耸奇峭，叠峦列献，连垣排戟，而梁
冈为邑山之主，兀起西北，绵亘起伏五十余里，环会于中，
委为县治。凤山鼓鸣拥其后，双髻鼎山植其前，蜀山天柱距
其左，西峰吴峰峙其右，罗侯背负，登科面立；鼎山为转翼
之地，龙津注萦回之波，东流西绕，外固内通。东临同安，西
近漳郡，南抗朝天，北扼二隘。此长泰之形胜，为漳邑之要
区也。

78

◎ 长 泰 之 绿 ◎ 何 强

　　一位瑞士朋友来长泰，我带他登上了长泰人文标志性建筑——文昌阁。远眺温柔如黛的山峦，近看群山拥簇下的片片绿野，龙津溪两岸的层层绿意，更是扑面而来。他竖起了大拇指，称赞道："OK!长泰的山水比瑞士还OK!"我以为是溢美之词。他摇摇头，瞪大眼睛，以欧洲人特有的认真劲儿对我说：不，长泰的绿是原生态的，价值不仅在观赏，而且在它是人类生存的重要资源。

　　他说的很有道理。长泰的绿的确自然率真，没有经过任何整理修饰：高低相依，长短相接，方圆相间，宽窄相随，远近相应，淡墨与重彩同生，行书与狂草并舞，似无章法，却透出特殊的神韵。让人自然想起王献之《宋刻本淳化阁帖》来，潇潇洒洒一气呵成连绵万里，散发着多姿多彩的风格和气质；也使人想到刚刚学会涂鸦的少年儿童们在广场上的集体杰作，近瞧有点简单粗糙，远看分外连绵壮观。儿童是有灵性的，他们用稚嫩的手晶莹的心画出的是透明的世界，这样的"原生态"作品往往比大师之作更让人为之惊叹。

　　绿无涯。纵览那无边无际的绿色，除水稻蔬菜外，还有许多果树：甘蔗、香蕉、龙眼、芒果、荔枝、杨桃、柚子、枇杷、金平枣、菠萝、巴乐、火龙果，以及全国绿色食品"柑中之王"岩溪芦柑。这样的绿，不仅养了客人的眼，馋了客人的嘴，醉了客人的心，而且让这里百姓的生活有了保障。我也第一次真切理解了"青翠欲滴"、"硕果累累"、"瓜果飘香"等词语的美妙和醉人。

　　要孕育出这样的绿，离不开自然的造化。长泰地处亚热带季风区，地势北高南低，群山环绕，就像一个马鞍，把自然的一切优质元素尽揽囊中。有道是：山不在高，有仙则名；水不在深，有龙则灵。长泰同样有多座让你一见钟情的山，像有"第一名山"之誉的吴田山，"人间仙境"董凤山，既阳刚又温

题崎滩铺壁
[宋] 黄颖

雨过长空云出溪，
稻苗刺水绿初齐。
山花也解怜行客，
旋放繁英衬马蹄。

作者为长泰县令

感悟绿色山水

79

柔的梁冈山以及国家森林公园天柱山和历史文化名山天成山。这些山海拔都不高，就是吴田山王尖——厦漳泉沿海一带的最高处，也不过千米。但这些山蕴藏着太多太多让人心驰神往的历史宝藏。殷商时期人类生活遗址，唐开元年间就建好的道观寺院，宋元明清无数圣贤志士留下的传奇足迹，还有那满山遍野的奇花异木胜山流瀑美景绝观，让人目不暇接流连忘返。

在九百多平方公里的土地上，奔流着四条异彩纷呈的溪流：龙津、马洋、高层、杨陶。龙津，是长泰的母亲河，她由北往南贯穿长泰，沿着县城东南部的石冈山，从东往西奔向九龙江。据说，龙津溪原是穿城而过的，连年的水患使古代主事者下决心改造水道，让水绕着城廓西边走，从而也制造了龙津水从东往西入海的难得景致。这样的景致，曾出现在山东曲阜，诞生了孔圣人。长泰一个"蕞尔小县"，居然圣贤辈出，还诞生了漳州府的惟一状元，与这样的地理胜绩难道就没有一点关系吗？马洋溪，更成了长泰走向新世纪的一张名片。因为这里诞生了国家皮划艇训练基地，"福建第一漂"旅游景区，大家都把长泰当作了厦门的"后花园"，而马洋溪人野心更大，要把马洋溪生态旅游区打造成闽南金三角的"中心花园"。高层和杨陶溪，则躲藏在长泰县自己的后花园里。这个后花园，就是已被推选为"全国环境优美乡镇"的坂里乡。我向许多人预言，坂里乡是未来长泰最富有魅力的地方，理由很简单，她是一片未开垦的处女地，这两条天天激情欢歌的溪流，就是一对天真活泼纯洁无瑕的金童玉女。

如果说，长泰绿的生成得益于自然的赐予，要保住这绿则有赖于长泰人的呵护了。乾隆八年（1743年），长泰人就在岩溪镇甘寨村立起了这样一块石碑："不许放火焚山；不许盗砍杂木；不许寨山挑土并割茅草；不许盗卖杂木。如违者罚戏一台，强违者绝子害孙。"而在马洋溪鸣珂陂旁的"禁石记"石刻则写得更直截了当："上至石陂下至石跳诸石簇列俱系海斋祖坟遮拦脑后溪风不许开凿违者绝嗣众共革之。"立碑时间是乾隆丁未年。言辞虽然激烈，但二百多年前，长泰人对山对水的热爱之心不难窥见。今天，勤劳的长泰人走上了小县城大工业的路，依然没有忘记对绿的关爱。我曾在《为大地母亲梳妆》一文中说，这里每年都有数千亩甚至上万亩的土地，经过精心的整理被保护下来，焕发出新的热情，为人们奉献出更多的财富。长泰人懂得向土地母亲的辛劳付出表达儿女的敬意——常常精心地为母亲梳妆打扮。是呀，没有了充满生机和活力的土地,哪来永恒的绿的世界呢?长泰人用自己的行动履行着西班牙美学家桑塔亚那在《美感》中的一段精辟论断:"舒适的环境是快乐的代名词。它能从外面作为一种经久不变的一个希望和影响刺激我们,或者作为一种内在的健康生活的意识鼓舞我们。"长泰人知道一个简单的道理:人类一切活动的目的是为了生活更美好,而不管多么美好的生活,离开温柔的土地和绿色的家园,一切都无从谈起。

甘 蔗
[清]林鹤年

人间何处乞琼浆?
倒啖原知别有方。
却喜回甘同谏果,
祗留情节伴修篁。
淡交滋味从头忆,
阅世情怀向尾尝。
垂者蹉跎姜桂烈,
含饴翻笑弄孙忙。

这样的理念获得了理解和尊重。各行各业的有识之士络绎不绝来到长泰,长泰魅力与日俱增。一个企业在这里盖房子修道路时大声宣布,要给青蛙留下歌唱的舞台,要给蝴蝶留足起舞的家园。于是,这里的房子价值敢与鹭岛比肩。以关注生态环保出名的学者作家谢冕、阎纲、张守仁等老先生,感受了长泰山水之后,都兴致盎然写下了对这里的美好记忆。74岁高龄的谢冕教授在雨中漂流之后,写下"漂流有真趣"五个大字。我以为,这"真",正是诗人对绿色长泰最精炼而深情的概括。国家环保总局官员对长泰数项环保指标进行了严格考核后,把"国家级生态示范区"的金字招牌挂在了长泰最醒目的地方。

长泰建县于公元955年,绿不仅成了这个千年古县的原色和符号,绿的心态也成为长泰人生命中的有机部分。这就是质朴、平和、随意、顽强,知道以感恩的心回报自然和他人的赐予帮助。在熙熙攘攘的世界里,他们懂得抽空去登一登清风习习的名山胜川,随手为绿树拔掉身边急功近利的杂草;懂得偷闲去闯一闯湍溪急流,荡涤掉不小心粘上的物欲时代的浮躁。

绿,是色彩、性格、历史,也是和谐、收获、生命。长泰之绿,宽广无边,满地流芳!

长泰活盘水库

感悟绿色山水

长泰山水二题 ◎ 章 武

长泰县群山环卫，中部一马平川，其地形地貌，状如一只南向开口的大马蹄，台风吹不进，寒流下不来，故气候温润，四季如春，自古以来，便是山明水秀之境，久安长泰之郡。如今，闽南金三角犹如骏马腾空，四蹄生风，在长泰旅游，更令人感到春风阵阵扑面，马蹄声声入耳了。

马洋溪:"福建第一漂"

福建山深林密，溪涧纵横，可漂流之处多矣！

泰宁的上清溪，犹如梦中的仙女；邵武的九节水，恰似顽皮的村姑。最骄傲的公主莫过于武夷山九曲溪，君不见三十六峰、七十二岩全都倾倒在她的石榴裙下！

在以上诸水中漂流，你都可以稳坐于竹排之上，任凭训练有素的艄排工为你保驾护航，为你指点江山。一路下来，身上一尘不染，脚下滴水不沾，虽然轻轻松松，逍遥自在，但总觉缺少了一点什么。

好在长泰县还有马洋溪，像野马一般奔腾在山峡谷间，漂流其上，自有另一番体验。全程八公里的水路，六十多道弯，七十多级跌水，全凭一只小小的橡皮筏，或一人一桨，独自撑持；或二人对坐，双桨并筏。在激流险滩中每前进一步，都要牵动你的每一根神经，每块骨骼和每一块肌肉。你还必须穿上橘红色的救生衣，随时准备跌落水中，成为落汤鸡呢！这种全身心投入的水上旅程，自然更惊险，也更刺激了。

怪不得这里有"福建第一漂"之美称，国家皮划艇训练基地在此安家落户，世界性的激流回旋比赛也在此开张。不谙水性的我，自然也视这里为真正意义的人生第一漂。

有时，飞流直下，筏如飞箭射出，何等淋漓痛快！有时，漩涡密布，筏如陀罗一般旋转，又多么令人心焦！有时，河道深深切入石槽之中，接连七八

马洋溪，位于长泰县南部，全长30.4公里，主河道落差222米，中段流经天柱山下，河床较平缓，溪中有岩石阻挡，部分河段水流湍急。两岸青山美景，泛舟溪中，有轻身搏浪、激流勇进之感。宋代虎渡桥横跨溪流，遗址仍存。

82

个急转弯，你需左冲右突，方能杀出重围；有时，河道状如悬空的石阶，巨浪把你高高托起，又将你重重摔落，你须把心脏提到嗓子眼上，方能经受住这剧烈的颠簸！水平如境，波澜不惊，皮筏子轻如鸿毛，飘飘荡荡，你尽可伸展四肢平躺其上，悠悠然仰观天光云影；突然间，奇礁怪岩如猛兽般迎面扑来，皮筏子一下子被调皮的浪掀翻，如同泰山压顶，把你扣在水下，让你全身湿透，让你像瞎子和聋子一样辨不清南北东西，这时，你能否立马从筏下钻出来，从水中爬上来，重整旗鼓，再上战场，就全看你十分的勇气了。

这瞬息万变、惊险万状的水上旅程，既艰难又快乐，既紧张又放松，是大自然对你的恩赐，也是对你总体素质最严峻的考验。你的眼力如何？智力如何？能否在陌生而又复杂的环境中，审时度势，以最短的时间做出最准确的判断？你的臂力如何？体力如何？能否在惊涛骇浪间做到身躯俯仰自如，腰肢腾挪有度，手脚并用而又配合默契？你的耐力如何？毅力如何？长达三小时的征程，唇焦口躁的你，精疲力竭的你，能否一口气坚持到底，以夺取最后的胜利？

其实，马洋溪上的一次漂流，也是对你人生旅途的一次回眸和总结。坦途上的陷阱，危机中的生机；落水时的狼狈，上岸时的解脱；失败后的背水一战，成功后的大意失荆州；山穷水尽时的迷茫与困惑，柳暗花明时的喜悦与欢愉，世上万象，人间百态，尽在其中矣！种种人生际遇，你都在此重新体验；条条人生哲理，你都借此得以领悟。马洋溪水清兮，足以淘洗你的五脏六腑；马洋溪水浊兮，也可全然释放你的七情六欲。

马洋溪两岸，山峭高而俊逸，林不深而秀丽。当你一路过关斩将，攻城拔地，安抵终点时，自有丛丛芭蕉扇来阵阵清风，青青竹林拭去满身汗水。当你浑身骨头散架，瘫倒在岸时，突然间，"扑通"一声，紧接着哗啦啦一响，一位光屁股的牧童从水中举起一条活蹦乱跳的鱼儿，更让你仿佛一下子年轻了五十岁！

文昌长泰
【海峡二十七城市历史文化系列】

天成山：半天的城堡

四川有座青城山，因断崖壁立，状如青色的城堡而赢得"青城天下幽"之美称。

无独有偶，长泰有座天成山，地扼厦、漳、泉交通之要津，山上双峰插云，绝壁摩天，更有一座古城堡，由巨石磊磊相叠而成，高高悬在半空之中，自古以来，便是兵家必争之地。如今，烽火狼烟早已消失，而古驿道依然在层峦中明灭，古城垣依然在密林中起伏，正直海峡两岸旅游业方兴未艾之际，这里自然要成为人们登高揽胜，访古寻幽，攀岩探险的黄金宝地。

从山下举头遥望，天成山给我的第一印象，是山林植被奇佳，这在闽南诸名山中似不多见。泉州之清源山，漳州之云洞岩、白云岩，厦门之日光岩、万石岩与云顶岩，皆以巨岩裸露在光天化日之下卓然取胜。而眼前的天成山，却是满山林涛汹涌，满目苍青翠绿，就连高耸入云的南北双峰，也如同

天成山，又名双髻山，位于县境东南部，与天柱山毗连，海拔最高点342米。天成山的峰顶为岩石构成，分为南北对峙的两峰，远望宛如古代女子的发髻，曙光初照时更为幽美，古代有"双髻晴云"之称，天成山为长泰"武安八景"之一。

古代美女，把青丝款款地挽成了一双螺髻。踩着厚厚的落叶，沿古驿道拾阶而上，但见两厢的青枝绿叶，挡去了头顶的光天云影，遮断了身边的悬崖峭壁，细细一瞧，原来是一根根笔管榕，从石隙中斜斜地钻出来，又沿着石壁直直地升上去，一股脑儿升进了九霄云外。最叫人啧啧称奇的，是观音洞洞口那一大棵芒果树，犹如旋转在菩萨头顶上的绿色华盖，据说，其树龄已达四百余岁！遥想"文革"当年，伟大领袖送出一只小小的芒果，便让万众为之欢腾，举国为之注目，谁也没想到，这里四百岁的芒果树，却依然在寂寞中年年开花结果，岁岁大面积丰收呢！

也许是树见多，同行的诗人们在朗诵诗歌时，也都离不开树，于是，一路上，你一棵橡树，我一株木棉树，好是热闹。尽管天城山上并没有橡树，而多是闽南常见的树种，如榕树、相思树、马尾

天成山景物

松等等,至于一大片薄雾般嫩绿的竹林,则像一条湿漉漉的毛巾,一下子把我们满身的汗珠全都拭去了。

　　天成山的山体,与闽南诸名山相同,皆以花岗岩为主,它们,或如雄狮子威风凛凛地张开大口,或如熊猫津津有味地哺食竹笋,少有锋芒毕露的奇崛,却多了动物世界生机勃勃的情趣。更有一面凌空大石鼓,人行其上,以足蹉之,居然咚咚,与飒飒天风,阵阵松涛相呼应,在高山低谷中久久回旋,令人荡气回肠。有趣的是,巨岩与巨岩之间,齐刷刷两厢夹紧,唯留南天一线,称"一线天",其悬空吐出一条百余级的天梯,在云雾中若隐若现,号"通天阶"。更有众多石岩相依相嵌,相累相叠,形成一长串诡秘幽奥的山洞,且洞中套洞,洞洞相连,总数多达十八,统称"连环十八洞",此洞,便是当年郑成功父子屯兵天成山时,凭借天险,神出鬼没抗击清兵,赫赫有名的古战场了。

　　当然,天成山最令人叫绝的当是北峰顶部那神奇的古石头兵寨了。其始建者为明末长泰籍进士、官至广西布政使的杨莹钟。据说,此公原本在山上修建花园,为的是晚年返梓归隐时,优游山林,对月抚琴之用,后因倭寇屡屡进犯,这才依山就势,筑起里外三层石头兵寨,并打通连环十八洞,以作战时御敌之用,没想到,这却为后来郑成功、郑经父子在此屯兵,建立抗清据点,继而收复台湾宝岛奠定了坚实的基础。如今,叠叠城墙,高踞于悬崖绝壁之上,雄风犹在;累累垣墟,埋没在苍藤青苔之间,浩气长存,巧借巨岩开凿的露天水池,依旧清波荡漾;用粗石砌成的银库、粮库、军械库等,也都历历在目,依稀可辨……

　　一只山鹰平展双翅,在古城上方久久盘旋,似乎把我们悠悠思古之情,也驮到苍茫高远的蓝天白云中去了。

双 髻 峰
[宋]黄 榦

万山环立两山起,
伯仲埙箎风味多。
轩冕直能惊俗子,
采薇千古不消磨。

　　黄榦(1152—1221年),字直卿,号勉斋,闽县(今属长乐市)人。宋代理学家朱熹的得意门生、女婿。淳熙年间,朱熹来长泰时,黄榦随之莅泰讲学。《双髻峰》便是这个时期创作的。

感悟绿色山水

◎ 寻找一种感觉 ◎ 谢冕

——福建长泰漂流记

漂流是时下青年人锻炼和嬉游的一种方式，它的好处是能够磨练人的意志，并在考验人的心理和体魄中得到一种历险之后的快乐。他们青春年少，他们要的就是那种挑战极限的刺激。而在我，我需要对我的生命可能性，以这样的方式进行试探和检验。

——谢冕

这个夏季福建多雨，阴雨连绵已近月余。我们到达之后的五六天中，天空仍是阴云密布。雨依然时紧时疏、丝丝缕缕地飘个不停。这个季节的雨雾，仿佛是望不到边的忧愁，给我们的旅途凭空地增添了几许伤感。来到长泰，住进了漂流宾馆。得知这里的马洋溪皮筏艇漂流远近闻名，心有所动。这无边的阴雨更改不了我的冲动。我向接待我们的主人表达了我的愿望，主人显然有些踌躇。这是我们到达长泰的最后一天。我要是就此离开，而与天下闻名的长泰漂流失之交臂，对于我来说，那是太遗憾了。这是我这番千里故乡之行的隐秘心愿，我必须在这里完了这心愿。

记得上一次漂流，是在四年之前，当年我已七十岁。那是衡阳辖内，叫做长宁西江的一个山溪中。那里水面较宽，两只皮筏艇捆绑在一起，一艇可坐四至六人，由前后两名水手引领。皮艇从十余米的高处抛掷而下，让人丧魂落魄。虽有翻船的可能，大体却是有惊无险。而长泰漂流用的却是半圆形的皮筏，仅容二人乘坐。这说明这里的河道更窄，弯曲更多，它不可能容纳更多的人乘坐。半圆的船身是为了旋转更灵活，可以任其颠簸、打旋、甚至翻滚。主人经过研究还是接受了我的要求，他们做了精心的准备。最重要的措施就是给我安排了一个有经验的护漂员。

漂流有真趣 谢冕
北京大学教授、博士生导师、著名诗歌评论家

马洋溪源于长泰境内陈巷镇，自虎头山一路弯弯曲曲地跳荡而下，流经山重、后枋、十里诸村，全长三十余公里，于龙海蓬莱汇入九龙江入海。主河道天然落差二百多米。自鸣珂陂至亭下村，在不及十公里的水域中，计六十多道弯，七十多个落水区，可谓人间奇险。马洋溪从远山深壑奔流而下，夹岸挽岩，层石叠嶂，急流数十公里。一路抛洒下

来,历经顽石堆垒、又多起伏又多弯曲的险滩。溪上悬岩夹峙,如偃、如伏、如跃、如抛、如剑戟冲天,又如巨兽伺伏。幽木参天,榛莽遍野,时而天开一线,时而浪淹石滩。最奇崛的是,马洋溪汹涌着的水流无所遮拦地从两岸的夹缝中,乱涌而出,惊涛蔽空,乱雨纵横,目不能张。

我们就这样任由浪涌皮筏,上下冲宕于激浪险滩中。身边的浪花,天上的雨水,浑身湿透,筏中水满,我们就这样任由惊涛骇浪蹂躏着、摧残着,魂飞魄散而又始终惊喜着。天是依然飘着雨。久雨不晴的山溪,水流暴涨,增加了漂流的难度。我一身短打,系紧救生衣,却是谢绝了安全头盔。陪同我的护漂员是部队转业的小伙子,他的沉着坚定给我以信心。

恶劣的气候挡住了所有的游客,这日的马洋溪,数十里的河道上,只有我们这三只橡皮筏在漂流。雨还是在下。天色是阴沉的,乌云在头上集结,似乎在酝酿着一场暴雨。这并不能动摇我们的决心,我们翻滚着、跳荡着,有时则是弃艇在急流中相互搀扶着蹒跚而进。就这样,我们穿越了马洋溪最刁钻古怪的一段,来到了漂流的终点。我们的主人心中一块石头落了地,他们带了摄影师在岸上迎接我们,为我们留下了最开心的、胜利的一瞥。主人告诉我,在长泰漂流的游人中,我是第二个最年长的。

漂流是时下青年人锻炼和嬉游的一种方式,它的好处是能够磨炼人的意志,并在考验人的心理和体魄中得到一种历险之后的快乐。他们青春年

少，他们要的就是那种挑战极限的刺激。而在我，我需要对我的生命可能性，以这样的方式进行试探和检验。这样的阴雨连绵，这样的山洪暴涨，这样的从数十米的高度、一次又一次地抛掷和旋转、颠簸和翻滚，这样的事实上的回答。

皮筏艇几次被水灌满，小伙子几次把它停靠并翻转在岩石上，把水倒净，然后继续我们的漂流。有几次，旧有的航道被水淹没，我们不得不停下来奋力推艇，另觅出路，而后他箭也似的跃身一跳，复又置身于急流中。我的伙伴有几次警告说可能要翻船，可是几次都化险为夷，这全靠他的智慧、机敏和勇敢。在雨中，在风浪中，在极端的惊险中，只有此时，才能感受到一种平时未能拥有的快乐。

长泰漂流的老总连文成是性情中人，他的兴奋甚至超过了我。他亲自骑着摩托在泥泞的山道上迎我，迎接我的还有《福建文学》主编黄文山，他们为我的平安返回而真诚地祝贺。今日与我同时漂流的，还有沈爱妹和夏立书，他们分乘另外两只皮筏艇，他们的年龄大约只及我的一半。连文成先生是成功的企业家，他的业绩远近闻名。他在企业管理中有一句名言叫做："有能力就会有幸福，幸福就是一种感觉"。这番长泰漂流对于我，其实很简单，就是寻找一种感觉。

回到北京，正是高考时节，福建全省暴雨。报载：建瓯考生因雨延考。又有报道说，闽西暴雨成灾，国务院总理亲临慰问。闽西的水，闽北的水，一起流向了闽南，流向了晋江和九龙江，流向了长泰的马洋溪。想起来，我真有点后怕。

马洋溪和连文成 ◎ 何少川

　　长泰有处马洋溪景区，虽然距离厦门不足四十公里，但原是一片僻静的山野，过去除有本地些许村户，外人很少涉足。

　　马洋溪开始热闹起来，并建成运动休闲景区吸引众多游客，大概是在上个世纪90年代以后。当时，在这里首创的"马洋溪漂流"项目，被誉为"福建第一漂"。这片土地，有了新的生命。

　　源发于长泰县陈巷镇的马洋溪，自虎头山流经山重、后枋、十里诸村，全长三十多公里，是长泰县境内第三大河流。其中，途经天柱山峡谷，自鸣珂陂至亭下村大约八公里的路程，共有六十余处弯道，逶迤曲折；七十多个落差区，跌宕起伏；偶有岩石砥柱中流，水花四溅。一路白浪滚滚清流汩汩，伴随着的是两岸茂林修竹、花果飘香、奇岩峻岭，自然境况清新怡然。弯弯转转顺势急下，体验激流勇进、有惊无险、充满刺激的河流运动，成为当今的时尚，马洋溪因而逐渐扬名外界，被人们所喜爱。

　　这次小住马洋溪景区之前，我曾来过三次，每次均与景区的拓展和建设有关。第一次，上个世纪90年代中，漂流项目建立伊始，实地进行考察；第二次，20世纪末，中国长泰首届国际皮划艇激流回旋邀请赛前夕，对赛事的筹备工作开展检查；第三次，本世纪初，马洋溪兴起国内首家水陆空同一景区一体游时，参加在这里召开的"首届福建漂流旅游节"庆典。所谓"水陆空

同一景区一体游"，即水上有激情漂流；陆地有山林观光；空中有动力伞飞行。在历年近十年的过程中，我三次的探访，感受到马洋溪发生的三大变化：由静寂的天然溪流，成为人们嬉戏欢腾的漂流场地；由国内休闲旅游之所，成为开展国际竞技的赛场；由单纯的漂流项目，成为有水陆空一体综合设施的景区。时代在变迁，社会在进步，原是村野的马洋溪也焕然一新，充满活力！

不久前，我又来到马洋溪。闽南初冬温暖如春，那天上午，阳光和煦气候宜人，我们一行乘汽车从厦门出发，途经海沧、角美、上房，爬过一个小山坡，很快地进入景区游客聚焦地，这里已是今非昔比。一座新落成的连氏大酒店屹立高地，闽南建筑风韵光彩夺目，周边植树栽花茵茵草地，环境整洁优美。我们入住大酒店，我站顶楼的阳台上近瞰远眺，只见三面山峦环绕，遥遥相对的天柱山峰，像顶天立地的男子汉那样伟岸；成片不高不低不远不近的丘陵，连接着果园和农田鲜活青翠；绕谷过地的溪水缓缓流淌，在红日照射下鳞光闪闪。难怪有人要赞叹道，这里有"原始生态的美妙绝色"。

我在连氏大酒店住了一宿，宁静温馨的夜晚，非常舒心地入睡。前后两天，我浏览了未曾去过的"龙凤谷"、"小黄山"和"九瀑沟"。龙凤谷，隐身于天柱之北的大湖山，其名源自"千丈龙潭"和"凤谷栖云"的景致及美丽传说，一路头顶绿荫，脚踩野草，手拨藤蔓，耳听泉韵，跨越山涧，力攀峭壁，体验原始自然生态给予人们异样的乐趣；小黄山，离龙凤谷不远的同一路线上，原来大概没有专门的山名，但独具特色别有天地，森林葱茏，香花秀草，巉岩丽景，深漳幽洞，貌似黄山之壮观因而得其称谓，在落日余晖的笼罩下岚气缥缈氤氲,朦胧间亦虚亦幻如仙境;九瀑沟,坐落在天柱山南坳,自上而下的蜿蜒山谷泉瀑层叠,一瀑一窟,飞瀑多姿,窟貌各态,引人无尽遐想,还有野猪林、蝴蝶谷、青蛙谷、幻仙洞、龙门潭……亚热带雨林的自然景观和气象景观,奇特而丰富多彩,让四方游客悦目赏心流连忘返。

　　从鲜为人知的偏僻山村,改变成为一个能吸引众多游客的景区,必须提到连文成其人其事。连文成出生于长泰县枋洋镇江都村一个贫苦农民家庭,改革开放初期即放弃水电站的工作,只身闯社会,走白手起家的创业之路。这条路并不是平坦的大道,而是布满荆棘的山坡,他奋力地攀爬,先后建起私营小水电站,跑过长途运输,创办纸制品厂,在积累了一定资金后成立厦广实业公司。1998年,原有的马洋溪开发漂流公司想转让,已过不惑之年的连文成正寻找机会大展宏图,经过再三的审视,认为"旅游是社会进步的标志。旅游景区是:智慧、真理、文化、艺术、人才交流的平台。"只要有新的理念,旅游业的前景一定十分的美好,于是决定把马洋溪景区接过手来开发。十年期间,经过连文成的苦心经营,马洋溪的漂流更加红红火火,而且发展成为集水、陆、空三位一体的旅游运动休闲基地,并先后盖起相当于"三星级"的宾馆和"五星级"的连氏大酒店,各种配套设施也正在完善中,把事业越做越大。有人说连文成是"怪人",依我看并不觉得"怪"。其实,他难能可贵的是始终保持着农民那种朴实、勤奋和率真,如果有所不同,无非因有过与外界接触较广的经历,眼界更加开阔,头脑更加活络,时常有新的主意和快言妙语,让大家感到其人异乎寻常。连文成曾作过一首《农民之歌》,歌词写道:"农民是社会的基础,没有农民就没有粮食;农民的勤劳是忘我的,农民的热情是朴实的;可爱的农民懂得先播种,后管理,再收成;农民的本质不变,自然会种瓜得瓜,种豆得豆;农民用汗水,换来社会和谐的

感悟绿色山水

光彩!"他在创业的过程中,虽然放下了锄头,却仍遵循自己提出的所谓"锄头理念",那就是要像农民那样:先播种,再管理,然后才有收成。所以,他先付出,一步一个脚印,不急功近利,更不做损人利己的事。他还有一句名言:"企业要做到'三赢':你赢我赢社会赢。"凡事要想到自己,想到别人,还必须想到社会,这必然会得到别人的信任,得到社会的认可和支持,事业的发展就有了可靠的基础。他这样说也这样做,这大概是连文成成功的经营之道吧!

在马洋溪的日子里,我亲自见识了连文成的几件趣事。我与连文成是老熟人,去马洋溪前先给他打过电话,问人在马洋溪吗,他答复的速度很快,说:"在,在,在……"但是那天上午我抵达时,却只见他弟弟等在那儿。我问,你哥哥呢?他弟弟回答说,正从福州往回赶。下午我与连文成见面时问他,你不是说,你在马洋溪吗?既然福州有事,就不必这样急着赶回来。他孩子般地嘿嘿笑道:"怕你知道我不在马洋溪就不来了。"态度非常的诚恳。连文成在自己的连氏大酒店宴请我们,整个安排显得庄重。期间,有一道菜需要刀叉,服务员把刀叉方位摆反了,我教服务员正确的摆法。连文成看服务员只默默地听着,没有任何反应,即提醒服务员,说:"我不是教你们如何回答顾客提意见的吗?!"我饶有兴趣地问,怎样回答?连文成流露些许得意的神色,说:"我教服务员碰到提意见,应向客人回话,我们是农民办酒店,会有不周到的地方,这样客人再不敢说什么了。"据说这样的回答,还得到某领导的赞许。我认为不对,五星级酒店有五星级酒店的规矩,不能因为是农民办的而放低标准,有错或不周的地方,应向顾客表示改进才对。他听了高兴地对服务员说:"他说得对,他说得对,照那样说,照那样说。"连文成陪我们浏览九瀑沟,走小道过密林跨山谷,中途坎坎坷坷。他一直走在前头,有难走处及时给我们提醒。山谷里岩石高低不平,走起来费劲,他时不时俯下身来搬动岩石让我们垫脚,那些岩石都有四五十斤重。看着他不顾已过五十的年龄和老板的身份,还是如此身体力行辛苦劳作,在感动之余,我不由地想起中国国民党名誉主席连战在台北接待连文成时说的一句话:"我们连家这个小弟蛮可爱的嘛!"

雾里天柱山

◎ 黄文山

入夏以来，接连下了好几天暴雨，天地一片混沌。我们正是赶上雨季来长泰采风的。在长泰的两天，纷纷扬扬且韧劲十足的雨水很令接待的主人们发愁，不少有特色的景点因为滂沱大雨而被迫一个个取消。可是临离开长泰的那天早晨，天竟有些放晴了。一大早，旅游区管委会书记老蔡就等在宾馆大厅里，他执意要带我们去看一看天柱山。他说，昨天下午他已经派人上山走了一趟，道路没有问题。老蔡的一片热情，让远道而来的北京作家们心生感动。于是，汽车推开浓雾，向自来有"临漳第一胜处"之誉的天柱山进发。

天柱山位于长泰东南部，由20多座山峰组成，海拔最高点933米，这里的自然景观与人文景观资源十分丰富，具有青、幽、灵、奇、古、野、旷、奥等特色。宋朝时，天柱山便被誉为"临漳第一胜处"。现为国家森林公园。

盘山的道路经过多天雨水的冲刷，变得坑坑洼洼，有的地段还出现一道道裂沟。中巴司机小夏见此不免有几分担心。凭着二十多年的驾车经验，他对路况的判断有一定的把握。但不仅仅是道路，由于雾气太浓，能见度太低，加之多日雨水的浸泡，他最担心的倒是道路两旁山体的变化。因此行车中他一边紧握方向盘，一边细细地倾听着路旁的声响，有几次，竟将车停住了。小夏严峻的神情一度影响了车厢里的气氛。没有人说话，每一双眼睛都紧张地盯在车窗上。其实窗玻璃上就是一层白茫茫的雾气，什么也看不见。有人提醒说："快打开车灯！"小夏回答："早就开了！"可是，车灯发出的微弱光芒已然被浓雾无情地吞噬，吞得人心里空落落的。中巴车孤单无助地在茫茫雾海中颠簸向前。不过，车上的三位长者谢冕、阎纲和张守仁先生却显得特别镇定。也许是这一份镇定渐渐释解了车内不安的情绪。

车厢里很安静，只听得坐在前排边座上的老蔡不断地鼓励着小夏："你放心开，我都了解好了，路两旁没有发现滑坡，只倒了一根松树。""再有三百米，两个拐弯，就到了。"于是车子在汹涌而来的浓雾中又开了近十分钟，小夏忍不住问："还有多远？""快了，大概两百米。"小夏有些不满，认为这完全是山里问路的模式。而这一问一答，加重了车厢里的沉郁气氛。但老蔡依然坚持着："再拐个弯，一百米，确实就到了。"老蔡此言不虚，因为在浓雾裂

感悟绿色山水

题天柱山超凡阁亭
〔宋〕杨虔诚

远远巍峦叠叠峰，
白云深处一岩空。
十方世界檐楹外，
万里山河指掌中。
蟾桂影交岩桂影，
天灯红映佛灯红。
芒鞋竹杖登临处，
疑是青霄有路通。

开的一刹那，我们看到了右前方的一面崖石上镌刻着"天柱山国家森林公园"的字样。但这最后一段路，却被雨水破坏得特别厉害，路面上到处是长长的裂沟。小夏不放心，跳下车，用脚来回踩了踩，然后上车加大油门，轰地一声冲过裂沟，车子轻轻地晃了晃，而后稳稳地停住了。

下了车，每个人都长长地舒了一口气，老蔡尤其高兴。这两天，因为天气不好，他的脸上始终挂着歉意，现在，他终于可以稍稍开颜了。只是司机小夏脸上的神情依然严峻。或许他仍在后悔刚才没有坚持自己的意见，将中巴车开上了险情莫测的天柱山。

就在这时，奇迹出现了，适才一直严严实实地笼罩着满山满野的雾气竟在我们一行前面渐渐散去，随着我们前行的脚步，露出一段又一段明丽的山景，而后又在我们的身后悄悄聚合。也许天柱山为我们的诚意所感动，竟破例启开帷幔，好让我们看一眼她新沐的娟容。只这一眼，已让我们目夺心摇。雨后的天柱山，身上没有一丝俗尘，一转身、一顾盼，都是那样清新曼妙。到处是沾云带露的花草，散发出幽幽的香气。天柱山最让人赏心悦目的是石头、是松树、还有蒸腾的云气。一块块或伟岸或奇巧或棱角毕露或光润圆滑的岩石，累累相叠，叠成一座天柱山直入云霄。只是不同的人面对这不同形态的石头，或许会发出会心的一笑。而一棵棵高山松则纵情展露它们被风剪裁过的身段，有的虬曲如龙，游行在风中雨中；有的欹身峭崖，将一片苍翠别在大山胸襟；有的笔直如削，蓄一股刚气仰望天穹。最好看的当然还是在山谷间款款飘飞的云气，像是有一只纤纤玉手正缓缓舞动着纱巾，导演出万千气象。当你无意回眸，只见层峦堆翠，明丽似沈周的山水图轴；定睛一看，却又成了云气氤氲、缥缥缈缈的米家山水。

由于还要赶路，我们不能在天柱山久留，正望着云山依依难舍之际，忽然，传来一阵橐橐的脚步声，从云雾中竟走下一位手持竹杖的健朗老人。询问之下，老人说是到山顶庙里烧香现在正要返回山下，说着，挥动竹杖继续前行。

车子重又发动，是刚才山上人行雾散的奇观还是被这位徒步上山的老人感染，总之司机小夏的神情显得放松多了，跟老蔡也有说有笑起来。在公路拐弯处，我们又看到了那位持杖趱行的老人。老蔡提议说，带他一段路吧！小夏将车子停下了，招呼老人上车。谢冕先生热情地请老人坐在他身旁，问他的年纪，已经80岁了。老人说他就住在山脚下，现在还能种菜种地瓜自己养活自己，不要子女照顾。他几十年来坚持每三天上山一次，无论风雨从不间断。老人的话让大家好一阵感慨。

将老人放下车，天柱山也从我们的视线中渐走渐远。这时，雨又下了，黄豆大的雨珠急促地打在汽车顶棚上乒乓作响，天地间又成一片混沌。

天柱揽胜（四则）　◎云樵

誉贯古今、蜚声中外的闽南名山——天柱山，地处长泰县亭下林场境内，是风光旖旎、景致绝幽的国家级森林公园。天柱山属戴云山东伸支脉，最高海拔933.1米。山势嶙峋峭拔，直插九霄，宛若擎天玉柱，是以得名。山间飘云荡雾，笼烟流霞；嘉木葱茏，苍翠欲滴；珍禽翔集，彩蝶翩跹；异卉奇花，暗香馥郁；怪石嵯峨，千姿百态；洞穴深幽，紫气氤氲；飞泉喷壑，溅珠泻玉。置身山间，如履仙境。历代骚人墨客，慕名而来，"穷穴必探，绝顶必登"，把盏临风，吟咏佳句；铺笺挥毫，草就华章，留下了大量摩崖石刻和美妙诗文，为天柱山增色添辉。

凡游览过天柱山的人，无不惊叹大自然的造化奇巧，鬼斧神工。正是："骋目皆画卷，人在蓬莱中。"

题天柱岩
[元]黄思永

几载翘瞻玉柱峰，
兴来登陟欲翔空。
半天风月出尘表，
大地山河入望中。
昼色暗分岩树绿，
春光都入洞花红。
夜深依旧天灯见，
心事从来造物通。

黄思永，龙溪县人，据《龙溪县志》载，元至正年间为"释褐第一人"（释褐试是吏部铨选官吏的考试）。

屏风石

屏风石，位于天柱山主峰西面。在天柱山主景区的各个角落，均可清晰地看见这一斜插山崖的屏状巨石。此石"高逾九仞，横展碧空"，穿云破雾，气势磅礴。北宋宣和乙巳年（公元1125年），长泰知县蔡元章书刻的"天柱岩"三个大字，古朴拙实，肃穆端庄。历经八百余年雨雪风霜的侵蚀，依然笔力遒劲，赫然醒目。整个岩石除了顶部和两侧有些藓迹苔痕，大部分洁白如玉。岩上还有历代古人的题刻，可惜几经沧桑，字迹已模糊难辨，诚为憾事！

感悟绿色山水

95

立足于屏风岩下,如处凉宫。天风浩荡,衣袂飘飘。若天气晴和,春光骀荡,但见远山含翠,近岭凝碧。烟树云林,莽莽苍苍。虬干龙鳞的苍松,藤萝纷披的古木,姹紫嫣红的山花,啁啾唱和的鸟雀,宛如一幅神奇画卷,美不胜收。

若遇岚气蒸腾,雾霭茫茫,云涛奔涌,雪浪排空,屏风石仍岿然屹立。让人不禁联想起毛泽东的气势磅礴的诗句,"天欲堕,赖以柱其间"。此时,足下群山,被轻纱似的白云所笼罩,若隐若现,偶露峥嵘,宛如万顷银涛中浮现的神仙岛屿,令人悠然神往,遐想联翩。身畔祥云缭绕,足底瑞气氤氲,两腋轻风习习,耳旁松涛喧响,令人有飘然出世、羽化登仙之感。

屏风石周围,景点甚多。明大理寺正曹学佺为其题诗:"隔山遥已露嵯峨,百丈为名讵足多。海月初生全觉隐,江霞欲断几能过。却疑偓盖通高树,动见连枝落碧萝。绝顶盘旋犹可达,偏于此地得狂歌。"清朝长泰知县庄歆结合四季特点,点染描绘的《屏风石赋》(具体见本书"重读花县诗文"部分),更是让人身临其境,陶然欲醉。

狮 头 岩

位于主峰西坡海拔700米处,有一高7米宽10米的巨石,坐东朝西,形如狮头。北部下方称为"狮喉",其右侧有一宽10米、高2米、深9米的洞庭称为"狮口"。狮口内下方有一半圆形凸起的岩石,称为"狮舌"。仔细观看,酷似雄威凛凛的巨狮张嘴怒吼。现狮舌上供奉着观音菩萨,烛影摇红,香烟袅袅。

狮头岩前置有石桌石凳,纤尘不染,光洁如拭。由于狮头岩坐东朝西,当旭日东升,曙色如丹,霞光照耀狮头;当夕阳西下,暮霭苍茫,余晖照入狮喉,成为奇特景观。与狮头岩相邻的洞穴甚多,幽深奇奥,神秘莫测。忘归洞、石屏洞、悬藤洞、观海洞、疑后洞、迷樵洞,散布周遭。还有僧侣道人幽居的石室。明代刑部主事黄文史曾有"石室嵯峨半入云,手披星斗欲平分"之佳句。狮头岩附近还植有几株枝繁叶茂、粗可合抱的桂花树,虽历尽沧桑,依然生机勃勃。金秋时节,"一片繁英压玉枝,暗香郁雾影参差",招惹得蝶舞蜂狂。翠鸟登枝,或山风微拂,落英缤纷,洒落遍地黄金,芳馨淡雅,熏人欲醉。当皓月临空,星汉灿烂,坐于狮头岩前的石桌旁,"桂子月中落,天香云外飘",欣赏月华星辉中的天柱夜景,雅趣盎然。一线泉水琤琮如弦,宿巢夜鸟关关啼鸣,钟磬鱼鼓之声缭绕耳畔,寒蝉秋蛩漫吟低唱。俯看长泰县城,灯光璀璨,宛若火树银花。向漳州方向望去,鳞次栉比的高楼大厦,被五颜六色的霓虹灯点缀得如同仙宫琼阁、贝阙瑶台,闪射着奇光异彩,辉耀夜

一 线 泉
[明]张燮

滴沥下云松,
冰壶聊可荐。
感此神骨清,
忘却来时倦。

忘 归 石
[明]张燮

霞气变朝暮,
山深月上迟。
徘徊两不厌,
此意老僧知。

百 丈 屏
[明]张燮

高绝盘青霭,
岿然似削成。
修条依半壁,
飞叶上分明。

空。繁华热闹的马路上，车流如潮，车灯闪烁，疑是耿耿银河泻落九天。仰望夜空，繁星灼灼，近在咫尺；月色溶溶，柔辉似水，使人恍若置身于广寒宫殿。"遍地芳馨人欲醉，何须把盏饮琼浆"。狮头岩周围，在古代曾是"楼寺星罗"，正如宋人诗中所描写的"烟霞空锁樵人径，松桧重阴古寺楼"。明代巡抚毕懋康游天柱山时，即兴赋诗："地迥禅房静，棋残日午时。篆消僧入定，茶熟客成诗。"

天柱山的寺庙，鼎盛一时。曾筑有海涛、势至、超凡、象鼻等寺，绿瓦红墙、雕梁画栋，掩映于青峰白云之间。还筑有观海楼、栖霞室、超凡阁、梅阁等典雅楼室，飞阁凌空，重檐翔举，墨客骚人，聚首此间，飞觞唱酬，笙箫不绝。此间还有"卿云馆"，群贤毕集，英才济济，正如明代官拜兵部尚书、两广总督戴耀诗中所写的"昂藏多士青云器，辩论诸儒白虎通"，"摇笔珠玑腾夜月，盈门桃李倚春风"。彼时曾是"秋色盈盈浮玉宇，桂香菽菽扑楼台"，可叹历经兵燹战祸，只留遗迹，旧景不再。清朝叶先登有诗慨叹："望归犹有石，观海已无楼"。面对前人留下的摩崖石刻，"峭壁龙蛇留翰墨，危崖烟霭伴残碑"，令人抚碑唔叹，感慨万端。而今，在狮头岩之侧，欲动工兴建观音庙和大雄宝殿。但"蟾桂影交岩桂影，天灯红映佛灯红"，"时出烟云铺下界，夜来钟磬彻碧天"的充满诗意的画景真会重现？

白云洞

古县志记载的白云洞，即今人所称的"仙人跳"，位于主峰西面，有一块巨石约20米高，25米长，15米宽，迭置于10米高的另一岩石之上。顶部凌空伸出5米多长、2米多厚的一块，状若遮阳平台。其下坦平如砥，似是巨灵神将斧劈而成，甚是宽畅，可容纳数十人。仙人跳巨石下，有一两边相通的洞室，近2米高、15米长、8米宽。需先入洞，从洞的另一侧上台。

若从左前方观看，像一只巨龟正在绿涛碧波中游泳。平台洁净异常，纤尘不染，置有石桌石凳。岚气弥漫时，此洞云封雾锁，古人有诗云；"山径如梯同鸟上，洞门不锁倩云封"，正可用以形容此洞。伫立于此平台之上，纵目

感悟绿色山水

骋怀，观赏云霞舒卷，变幻神奇，远近诸峰，嵳嵳起伏，如怒涛万顷中的蓬莱仙岛。浩荡天风，把云朵撕扯成琼英银絮，上下翻腾。俄倾云随风静，缓缓聚拢，突然又如雪峰崩裂，堕入汪洋大川，有时又像千万匹烈性大发的银鬃骏马，奋蹄奔驰，激起滚滚尘烟，势如排山倒海，煞是壮观。若逢狂飙怒卷，骤雨欲来，此处又是观赏雨景的天然平台。站在平台上，见雾压千嶂，阴霾大作，松涛澎湃，谷撼山摇。一株株参天古木，被烈风猛力摇撼，如惊涛起伏，似醉汉颠狂。潜伏于草丛榛莽之间的怪石，如猛虎恶豹，似巨鲨毒龙，凶相毕露，狰狞可怖。胆大者谈笑自若，胆小者观之变色。近处的鹰岩，似顾盼威猛的苍鹰，正欲展翼冲霄，搏击风云。惊雷炸响，金蛇狂舞，骤雨倾泻，状如珠帘倒挂，声若虎啸龙吟。站在这平台上却风雨难侵，滴水不沾，妙景当前，怡然自得。一俟雨霁风恬，虹霓横空，千峰万岫如浴水而出，娉婷皎洁，千娇百媚。百鸟腾枝，蛙鸣如鼓。"瀑击岩前千峰动，涛喧谷底万山闻"。端的是"好景眼前谁画得？徐熙花鸟郭熙山"（徐熙擅画花鸟，郭熙工于山水，均为古代著名丹青妙手）。

秋色澄鲜，金风飒爽，伫立于此平台之上，观赏漫山红叶，更是赏心悦目。枫叶尽醉，乌柏酡红，放眼望去，如丹霞铺锦，似赤潮翻涌，漫山红遍，瑰丽无比。与苍松古木、琪草瑶花争奇斗艳。使人不禁想起清朝赵翼所写的《山行》："欲寻樵径蹑嵯岈，山色苍深夕照斜，一树红枫全是叶，翻疑无叶满身花。"

当夕阳衔山，暝色清丽，长空归鸦点点，雁字成行，鸟语莺音，悦耳动听。林樾间冒出袅袅炊烟，融入夕霞暮霭，观此妙景，令人目迷神醉，其乐无穷。白云洞旁还有数不尽的珍禽异兽，阅不尽无边秀色。偶尔还能看见娇憨玲珑的野兔，前腿并拢人立，似向人作揖，十分惹人喜爱。若是盛夏酷暑，登山者汗水淋漓，口渴异常，举目搜寻，会发现翡翠丛中嫣红点点，鲜果盈枝，那是成熟的野杨梅，令人如睹奇珍，垂涎欲滴。采撷几颗放于口中，酸甜鲜美，生津止渴，回味无穷。

南天一柱与天柱观海

"南天一柱",位于主峰西北面海拔近800米的山脊上,乃一巨石,巍然耸峙,穿云破雾,在青天丽日、苍山林海的映衬下,突兀峥嵘,十分壮观。据说天降祥瑞时,此石熠熠生辉,焕发出祥光紫气。此间群峰耸秀,林木蓊郁,纵目远眺,佳景如画。经由南天一柱,再攀登百米,可达海拔933米的峰巅。绝顶处两峰骈峙,名紫玉峰、天柱峰。山坡上幽篁挺秀,迎风摇曳。阳春时节,杜鹃花展苞怒放,嫣红娇艳。大有"日射丹霞将卷地,风翻赤焰欲燎天"的气势。

到南天一柱,山路艰险难行,可谓举步惊魂,落足慑魄。登山者须用手紧紧抓住丛生于山坡上的矮灌木丛,小心翼翼地攀登。好不容易气喘吁吁地爬上峰巅,目穷万里,顿豁襟胸。峰顶直径约三十米,芳草如茵,繁花似锦。令人称奇的是在这人迹罕到、常有狂飙骤雨的高山之巅,居然繁衍着品种颇多的彩蝶,体态轻盈,舞姿妙曼,似乎在虔诚迎宾。当碧空如洗,惠风和畅,立足于主峰之上,极目四顾,无限风光尽收眼底。正如康熙诗中所写:"偶来绝顶凌虚望,似向云霄展画图。"厦门市、漳州市、长泰县城的高楼大厦,历历在目;九龙江波光闪烁,似雪练横飞。福厦公路、漳厦高速公路蜿蜒于碧野田畴之间,如玉带飘曳。高集海堤、跨海大桥凌波踏浪,宛若虹霓。仰望苍穹,近在咫尺,几疑青霄有路,举步可达天庭。令人豪气顿生,雄心激荡,不由得吟诵起王安石的名句:"不畏浮云遮望眼,只缘身在最高层。"披襟最高层,傲啸朗吟,何其乐耶! 何其快哉!

在山上黎明观日出,是游客之赏心乐事。欲观日出,必须赶早,莫畏径险露重。当你登临绝顶,晓星寥落,残月迷朦,鸣蛩凄切,鸟语呢喃。须臾,一轮红日跃出东海,霞光焕彩,绚丽无俦,金波翻涌,气象万千。伴随着朝阳冉冉升起,展现出了苏东坡笔下"岭上晴云披絮帽,树头初日挂铜钲"的美景。远近诸峰,如绝世佳人撩开神秘的面纱,显示出国色天香,丽容娇姿。此时,百鸟欢鸣,万翼凌空,静聆天籁,饱览秀色,怎能不眉宇舒展,心逐云飞?

游天柱石洞
[明]方应时

地胜偏宜僻,
岩头别有天。
林寒山鸟寂,
日午洞云眠。
屋结千年石,
杯倾一滴泉。
恍疑三界隔,
谩自说神仙。

作者为长泰知县

感悟绿色山水

99

天成走笔

◎ 叶小秋

到过清源山，记忆中满是那尊硕大无朋的卧佛的笑脸。见过永安石林，奇崛的喀斯特地貌展现出撼人心魄的气质。而长泰天成山，则以四季常青的绿色植被和丰厚不竭的历史积淀征服了人们。

走近天成山，嵯峨苍莽的天成山仿佛一位健壮的小伙子。山脚下，碧波荡漾的马洋溪仿佛婀娜婉约的少女，款款向南逶迤而去。漂流的皮筏艇，身着桔色服装的掌舵勇者，仿佛一只只可爱的音符，奏响马洋溪上灵动的一曲。溪畔茂林修竹，田野果园，郁郁葱葱。"发现之旅"的别墅星罗棋布，鳞次栉比，像生动的风景挂历，掩映在一片绿肥红瘦之中。

走进天成山，美丽的雉鸡在绿盖如亭的松柏和相思间扬羽振彩，倏来倏往。清幽的小道荫翳蔽日，落满了星星点点的红豆。"红豆生南国，春来发几枝。愿君多采撷，此物最相思。"在林中漫步，不禁轻吟起这首小诗来。静静地，听见了自己脚步的回声。千百年的落叶层层堆积在小道上，底下的早已腐烂成泥，新掉的踩上去，松松软软，沙沙作响。道旁的野花开得自在坦荡，几步一丛，粉粉的，嫩嫩的，不起眼的小花朵衬着一杆绿茎，那种美，柔弱得让人心疼。在大自然里"合同而化"，欣赏自然美，被自然美无私地包融，使人禁不住陶醉。那掩映在翠林深处的冷峻的石头，蕴含着另一种活泼灵动的情趣。或如熊猫吃笋，或如骏马奔驰，或似慈母舔犊，随意仰卧，惟妙惟肖。有的岩石还攀上藤萝绿蔓，盛开着惹人怜爱的小紫花小黄花，让人疑似天上掉下的盆景哩。更有一面凌空的大石鼓，让人浮想联翩。相传，石鼓曾屡次在危机时刻"咚咚"作响。但任我们用力跺几脚，蹦几跳，山谷只传来一阵悠长的回声。要上天成峰顶，就要从两块夹紧的巨岩间悬空吐出的一道"天梯"又称"一线天"通过。站在天梯回望，天地一片绿海汪洋，开阔恢弘。虽汗流浃背，但心境豁然。

天成山不仅有着宜人的风光，随处散落的人文遗迹也是可圈可点。天成山，又名双髻山。南宋时任漳州知府的著名理学家朱熹，来长泰讲学时慕名游览了天成山。他写诗赞叹："绝壑藤萝贮翠烟，水声幽咽乱峰前。行人但说青山好，肠断云间双髻仙。"诗中描绘了南北对峙的双峰，轻云薄雾缭绕其间若隐若现，远望恰似古代仕女发髻。"双髻晴云"因此成为长泰一绝美景。千百年来，多少文人墨客为之驻足，为之倾情。

相传明末长泰籍进士、官至广西布政使的杨莹钟，同其父杨泰、弟鼎钟曾在天成山修洞筑室，攻读经书，最后联擢科第，父子三人全中举人。杨莹钟有着天成苍鹰般的性格，他不畏强权，敢于同恶势力斗争。因不愿同擅权误国的宦官魏忠贤同流合污，天成山又成为其弃官归隐的最后选择。微风轻拂，树荫抖动，读着瑞烟岩碑文，"之乎者也""子丑寅卯"，耳畔似乎传来了杨氏父子清朗的颂读之声。不屈于寂寞的生存，是一种伟大。拾级而上，杨莹钟当年亲手所植的那棵老芒果树，虽历经四百多年苍桑风雨，依然繁枝茂叶，每年盛暑都能奉献出香甜的果子来。抚着嶙峋的树干，我想，四百多年如水的岁月，历览天成烟尘扬落，阅尽人间众生百态，或许，一片绿叶就掩藏着一个故事罢。芒果树下观音阁小巧精致，观音端坐莲蓬，淡定从容。阁后十几米高的摩崖"佛"字，显得大气磅礴。人在佛禅面前，再沸腾的心都会安宁下来的。杨莹钟所修的岩寺洞宅后来又成了郑成功父子在天成山屯兵抗清的主要据点。如今，这座当年由郑成功亲手插上抗清猎猎大旗的古城，早坍圮了一段段高墙，又散落了一座座宅第、一杆杆旗帜，多少个春去秋往，不离不弃，静静地泊在时光的一隅，守候着日月永恒的轮回。那由岩石相累相叠、相依相嵌形成的、诡秘幽奥的"连环十八洞"，那粗糙条石砌成的四四方方的粮库、银库、军械库，那巧借巨岩开凿而成的、承接天地琼露的天池……杂乱无章的砖瓦零落一地，苔衣蒿草绣缀其间，分明透出历史的质感。四周的老树愈见苍幽，到处野草茂盛，荒藤葳蕤。

天成山朝天岭还有一条起伏跌宕的古驿道。据《长泰县志》记载，唐宋时期潮州和漳州一带晋京必经此驿道。古时莽虫恶虎时常出没，行人来往必邀同行。在平滑的条石上行走，我不禁思接古代晋京赶考的举子。书籍、干粮、被褥，沉沉地压弯了弱不禁风的身子板，那苦辛真是难以品味。明朝宣德五年（1430年）科举殿试中，福建举子林震、龚锜、林文，一起囊括金榜前三名，举国上下一时传为佳话。而高中状元一举夺魁的林震，正乃漳州府长泰邑人是也。道旁的小凉亭啊，敢问状元当年是否在此歇过脚？

每上一次天成山，总会多一份追思怀想。去老树下或荒草边或颓墙旁或岩洞中去默坐，去呆想，去推开身边的浮躁和嚣尘，理一理纷乱的思绪，嚼一嚼人生的甘苦。纷扰的心，还不了然吗？

感悟绿色山水

龙凤谷掠影

◎ 蔡宏华

爱她就带她到龙凤谷,恨她也带她到龙凤谷。在这里,爱可以更爱,恨可以变爱!

——题记

龙布雨归来,歇在这儿。凤涅槃复生,栖在这儿。

梦升腾的地方,鸟儿扬起歌喉,只为了唱响那曲《百鸟朝凤》,抑或《良宵》《夏夜》,还是那舒缓有致的《云水曲》? 惊诧于大自然的鬼斧神工,一划,再划,你手中的墨迹还在溢香,而我,注定要拾掇起青春的步履,与你有约而至。

飞 瀑

"山中一夜雨,处处挂飞泉"。

三月,一只山鸟固执地站在水边,用张扬的手势按动照相机的开关,

一幅银白的背景，鲜艳了山鸟渐丰的羽毛。而日光，也携带一群斑斓的彩虹，成为第 N 张新面孔。寻声而视，亘古驻足恋恋不去的岩石，钩沉起多姿的传说：有窥鹰俯首，有爱心尽呈，有神龟忘返。任溅起涟漪的浪花，打湿我的衣襟，落成了我心里绵长的遐思。

山之伟岸、山之衷情。泉是贴心的见证者。泉是多情的女子，向左，向右，向下，永远为山而蜿蜒，永远为山而涤荡。听懂山的心跳的，是泉！听懂泉的轻歌的，是山！

谁能拒绝灵犀的相通？

杨　梅

溯流而上，秀色可人。打开这幅盎然的画卷，那煮酒论英雄的曹丞相，谅必也会后悔自己雕虫小技的低劣。英雄气短，一句"望梅止渴"，在历史的评说中褒贬不一。赞者称道："用兵者善长士气也！"鄙者揶揄："欺世盗名者之伎俩罢了。"

拭一拭目光，知否？这一山繁星般的红杨梅，是龙凤谷跳动的音符，在山的肌肤上惬意地跳跃，飞舞，弹奏出美妙动人的千古之音。这一树珍珠似的红杨梅，不必在意多少王朝的盛衰，却牵扯着少男少女春花雪月的恋情。那缸香醇的杨梅酒，叫幸福不容置疑。

有月亮的夜晚，那位敬业的杨梅花绣娘，是否发出风铃般会意的脆笑？

感悟绿色山水

岩　石

　　用你坚实的双脚,叩响巨岩,你就属于这多彩的黎明。那是一种野性的飞行,驾着山岚,粗大的缆绳接纳手心热情的拥抱。仰面对着蓝天,顶点是一声声由衷的喝彩。有蜘蛛人的故事上演,那一刻,岩石是一道佳肴,越咀嚼越有味道。下瞰山脚,风撩起衣袂,鸿鹄翩然而来。在这天然的大舞台,上演着你的潇洒,你的剽悍,你的豪放。

　　我心飞翔!

山　花

　　花醒在龙凤谷,泥土吐芳。远离都市的喧嚣,绽放一分清纯,一分活力。无风时,静如处子;风起时,动若狡兔。望一眼映山红,心中涌动的是带雨晚来急的春潮,柔中有刚,刚中带柔。闻一鼻野菊香,感觉生命的年轮深深地植入大地,那是一串不羁的身影,你的秋天!

　　红的、黄的、紫的……带好你的调色盘,聆听生命,感受花儿们的心情。

　　……

　　哪天,你来到龙凤谷,即使有茅草割伤你的皮肤,也请你把这当作最朴实的挽留!

◎ 坂里印象 ◎ 沈世豪 何 强

高层大坝

　　如果说，长泰是厦门的后花园，位于该县西北部的坂里，就是独具风采的园中园了。

　　海拔 1119 米的梁冈山，多情地把坂里揽在怀里。凝神远望，漫山滴翠，一派深深浅浅浓浓淡淡的绿，自然、从容、淳朴，层次分明，令人感到如曲调和缓的田园牧歌，随着怡然的晚风，温馨地吹到你的心田里，特别容易让远方的来客感到亲切、亲近。尤其是从浮躁喧哗的闹市来到这里，你会惊喜地发现，我们这个已经被人类自己折腾得千疮百孔的世界，居然还有一片保持得如此完美、古朴、天然，可以轻松自由放牧思想和情感的地方。

　　坂里乡只有一万多人口，其中，有三分之一外出打工去了。全镇下属 6 个行政村。如此偏远的地方，却是村村都有平坦、宽敞的水泥路。现代化的公路和古朴的农村，完美和谐地幻出韵味悠长的画幅。传统和现代的交接，似乎悄然无声，但只要你认真地体味，你就会发现，遗落在岁月深处的厚重，如不凋的丰碑，依然沉甸甸地伫立在历史的风云里。

　　坂里有一座建于北宋大观元年（1107 年）的古叉桥。在乡干部的引领下，我们一睹了这千年古桥的芳容。古桥为石构梁式桥，跨长 5.60 米，桥宽 1.42 米，桥面由四条宽 0.35—0.4 米、厚 0.25 米的石板架在块石累砌起的桥墩上。桥面左边的石板上刻着"弟子谢评奉为考妣二亲资超生界及自身合家同乞平安，大观元年丁亥岁十一月口日造，石匠戴生"，右边石条上刻

文昌长泰

【海峡二十七城市历史文化系列】

"劝首僧乃新林真监造僧办偕"等直行楷书。字迹清晰,桥现仍坚固完好。看来,为了乞求家庭平安,修路架桥,确实是中华民族的古老美德。据史料记载,这座桥为当时坂里通向外界的重要通道,今天因交通的改变派不上什么用场了,但它向今人和后人叙述历史的作用永远不会过时。

车过正达村,拐进两旁站满了修直挺拔的桉树的水泥车道,仿佛来到了某处国家森林公园。深山藏古寺,没有想到这里也藏着一座建于宋朝的云崖寺。这是一座建在珠石峰岩壁的龛形小寺。据说,寺是由先人在岩壁上开凿凹处,垒砌平台,用石料构筑而成的。小寺供奉着观音,为人们保佑平安。小寺位置奇险,远远望去,就像镶挂在一块绿色帷幔中央的"宝石",传说在运气好的时候,还真能看到"宝石"在闪闪发光。由于香火旺盛,在清代,人们又在小寺的对面山坡上再建了一座寺院,站在寺院的平台上望去,小寺的魅力更加无与伦比了。现在,这里被冠以"珠石灵光"的美名,成为长泰"新八景"之一。

新春村,古代称石铭里官仓社,有一座建于清末至今依然保留得颇为完好的将军第,典型的闽南民居式建筑。底座是巨型的花岗石石条,上面是精细的红砖,厚实、庄重、典雅。占地6300平方米,有9个厅、10个天井、32房。那是著名爱国华侨汤河清在故乡建的府第。汤河清13岁时流落到印度尼西亚的孟加锡谋生,从摆设一个卖烟丝的小摊开始,历经艰难创业,成为巨富的商人,并当上了当地的"甲必丹",即管理华侨华人事务的行政长官。他是乐善好施的华侨。光绪年间,得知山西灾荒,毅然赈济谷物1万石,大洋13万元,因而受到清廷的嘉奖,御赐"赏戴花翎副将"的头衔,并敕建这一将军第。他于1911年去世以后,其子汤龙飞继承父业。第二次世界大战时期,日本侵略南洋群岛,围攻孟加锡。一身正气的汤龙飞率领当地人民奋

起抵抗,终因寡不敌众,战败被俘,拒不投降,一家六口,全部被日本鬼子残酷杀害。如今的将军第,虽然有汤家后人居住,但十分清静。大厅的香案上,置放着汤河清以及汤龙飞的遗像。黑白两色。细看,他们的目光,正深情地注视着故乡的热土。

华侨多的地方,大多是原来生活艰苦的地方。坂里乡的老华侨占了长泰老华侨的四分之三。这些老华侨以及他们的后代像"将军第"父子一样,时刻不忘家乡,经常为家乡的教育和社会事业捐资出力。就在作者踏进"将军第"前几日,印尼汤氏宗亲六十多人也在故乡的土地上感受亲情,而且又为家乡献上了一片爱心。

俯身捧起坂里的一把土,你会由衷地感受到它的滋润和丰厚。像"将军第"这样的名胜,完全是可以列入名胜和爱国主义教育基地的,虽然,它没有挂牌,但它却朴实地鲜活在生于斯长于斯的人们的心田里。它是种子,孕育着独具一格的民风、民气、乡土文化。

坂里有两条溪,一叫高层,一叫杨陶,纯洁、欢快,让人恨不得跳进水里去拥抱它们。特别是高层溪,是长泰县境的第二大水系,源发于安溪的岭头山。主河道落差高达 57 米。站在上游建起的高层水库坝上,看浪花飞溅,感受气吞山河,冲出深山一往无前的气概,使人顿生指点江山的激情。站在古朴结实的高层桥上,看落日余晖倒映在墨绿色水中,甘蔗林中忽地飞出几只白鹭,真让人回到了物我两忘的境界。乡里对远方来的客人,就用养在高山溪流中鲜鱼和用高层杨陶溪水酿制的坂里红酒招待。那鱼的鲜美和酒的醇美,一下子把城市里的山珍海味都比了下去。

坂新村,看去也是一个很普通的农村。有一座很不起眼的简陋的泥坯房,二小间,只有一人多高。这是现任福建省政协主席梁绮萍,当年作为下乡的知识青年曾住过的地方。来坂里插队的知青很多,他们都在风华正茂的时候,沐浴了坂里的雨露阳光。当地的农民谈起那些可爱的知青,也是一脸的一往情深。他们还记得很清楚,社员给梁绮萍评的工分是 7 分。那可是一个女同志最高的工分哦。现在,许多知青都像梁绮萍同志那样,有空就回"家"看看,以一个老知青的身份,来拜访在非常岁月中,收留、关爱过他们的乡亲和土地。

还有令坂里人骄傲的是教育。坂里中学学生会读书是全县出名的。原是该校的杨舒鸿同学,以 649 的高分考上了清华大学,成为坂里第一个考进清华大学的学子。之后,又有一位同学获得全县文科冠军,进了北京重点大学。该校的办学水平,在许多方面居然可以和县一中媲美,但位于山野深

感悟绿色山水

处的她,却又是那样的其貌不扬。

坂里有花冈石等丰富的矿藏,如果开采,是可以很快致富的。坂里人为了保护优美的自然环境,全乡下了一条禁令:不准开发石材。这不但需要顶得住金钱的诱惑,还要有出自心坎的对自然生态的崇高的保护意识。农村出路当然在于现代化,但现代化不一定都是工业化。他们睿智地把工业办到了县城工业区的"飞地"上,同时,又保护了一片绿水青山。

这里农民收入去年人均达到了四千五百多元,主要靠发展生态环保型的蔬菜种植业和造林上。时令已是冬天,地里的茄子、辣椒等蔬菜依然一片翠绿。山上处处可见从澳大利亚引进的速丰林,一种五年就可成材的桉树。这种飘洋过海而来的树,笔直、伟岸,葱绿如写意的抒情诗。大量出口日本等国的玫瑰茄已经收成,紫色,一片片晾晒在村前的晒场、路口。那是一种饮料,还可以制药。淡淡的药香弥漫开去,为山村增添了几许宁静、悠闲的况味。

莫道岁月无痕。在坂里,从古至今走来,你都可以发现串串珍奇,这些珍奇表现了坂里人的淳朴善良、勤奋聪明,懂得要留下什么,而不该去做什么。历史在这里积淀,环境在这里得到保护。已拥有国家级环境优美乡镇的称号的坂里乡,一定会更加迷人。

山重古塔

◎ 杨伟群

在长泰县山重村入口处的溪边田野上,有一座造型奇特的古石塔。历经风雨长年侵蚀的古塔颜色黝黑,显得沧桑久远。近年来,随着山重村生态民俗旅游热潮的兴起,古石塔也没了往日的孤独和寂静。厦门、漳州、泉州等地游客到山重来,必看古石塔。

进山重村,先过一条小溪。溪不大,水很清,可见溪底。古石塔就建在溪边,当地人称之为塔仔,也称水尾塔,而这段溪流也因之得名为塔仔溪。

石塔并不大,高 8.45 米,共六层,底层直径 14 米,最上边的塔顶直径 1.5 米,形若农村堆草的"大草垛"。塔顶竖一根 1.2 米高的八面石柱,石柱顶上还"戴"一石帽,因其顶端形如笔尖,有人称其为"文昌塔"。八面石柱上有四面刻着字。

从样式看,石塔当属于佛教塔。全塔为实心结构,内由碎石与红土夯成,外表全部由鹅卵石垒砌而成,这是此塔最有意思的地方。笔者曾与厦门中国人物画研究会会长王柏生先生等人来此观赏,王老先生拍手称绝:用农村最常见的材料,却造出朴实的艺术品。

塔起源于印度,最初是为埋葬释迦牟尼佛之舍利,后发展为一种纪念建筑物,东汉时传入中国。山重村历史悠久,其开基祖薛武惠是"开漳圣王"陈元光南下入闽的"行军总管使"。公元 669 年,薛武惠奉命率军进驻山重,后便定居于此。因此,山重建有佛塔并不奇怪,让人好奇的是为何建塔。这其中原因众说纷纭,没有一个统一的答案。

归结起来有四种说法:

其一,保平安说。历史上,山重社曾发生过疫情、灾情。据文献资料载,在鼎盛时期,这里拥有三十多个村庄,近万人口,但后来发生瘟疫,人口大减,村庄成废墟。后人为保平安,所以建塔。

其二,定卧牛说。据说,山重村地理位置宛如一卧牛,主要居住着薛、林二姓,薛氏若卧牛,林氏如草棚。牛离不开草,建塔象征草棚,把两姓紧密结

石经幢，位于陈巷山重村塔仔溪桥边，建于清初，由河卵石与灰浆垒砌而成的圆塔形建筑物。幢高8.45米，分为6层，逐层圆径缩小，底层直径14米，第六层(上层)直径1.5米，中立有八角形石柱，石柱上顶有圆锥体的石构件，柱面有阴刻文字。

合在一起。

其三，把水尾说。按民间习俗，社里的出口处，按风水应建塔，以防"水把社里的财富流空"，当地人称为"把水尾"。

其四，镇水鬼说。塔仔溪水流湍急，以前曾有人被洪水冲走。据民间传说：塔仔溪边，每当夕阳西落时，溪中常有"水鬼"出没，抓人吸血。于是建塔镇妖避邪。

不管哪个说法才是

山重古石塔

正统，都让石塔更具扑朔迷离的魅力，成为了旅游的卖点。

中国古塔造型多样，有圆有方，有六角、八角、十二角等形状，有单层、多层，分楼阁塔、密檐塔、亭阁塔、金刚宝座塔等结构。山重石塔造型属圆锥形，较低矮扁，宽度大于高度近一半。

前些年，长泰县博物馆邀请了福建省博物院专家实地考证山重古塔。专家们看后赞叹不已，称"在福建省首次发现这种石塔古建筑的结构，造型类似西藏地区的石塔样式，可能是避邪之物"。从其独特的建筑风格看，专家们断定其始建年代为宋末，距今近800年历史。从底层往上至第五层鹅卵石是同一年代，而第六层鹅卵石和塔刹石柱年代较晚，当是后来加上去的。

品味龙津风情

　　千年古县,如果没有独特的文化风情,包括衣食住行等文化的遗存表现,无论如何是一种遗憾。今天,我们已经对非物质文化遗产积极加以整理和弘扬,这是农业文明向工业文明转变的必然。千年长泰在这方面,还有许多值得挖掘的空间,民俗风情也罢,地方饮食也好,都可圈可点。当然,要让它们的芳香飘得更远,离不开关注长泰的所有朋友的一起努力。让我们一起品味,一起发现,为长泰多彩的风情叫好。

长泰县文物保护单位一览表

武安牌坊群和长泰杨氏宗祠为省级文物保护单位,其他均为 1~6 批县级文物保护单位

类别	年代	名称	所 在 位 置
古建筑	明	武安牌坊群	武安镇中山南路
古建筑	明、清	长泰杨氏宗祠	武安镇城关村后庵
古建筑	明	祖孙执法坊	武安镇中山南路
古建筑	明	春风桃李秋水鱼龙坊	武安镇中山南路
古建筑	明	解元世科坊	武安镇中山南路
石　刻	清	清理双圳陂记	陈巷镇戴墘村
古建筑	清	奎璧齐辉楼	枋洋镇林溪村
古墓葬	宋	叶氏公墓	坂里乡正达村
古墓葬	明	吴氏沈公墓	岩溪镇硅山
古墓葬	明	戴诚确公墓	陈巷镇戴墘村墓亭山
古墓葬	宋	宋始祖殿中丞杨公胡氏墓	陈巷镇古农村古老堀
石　雕	唐	良岩寺附属文物——三尊石佛	岩溪镇甘寨村董凤山
石　雕	明	埔边墓葬附属文物——石俑、石虎、石马等	县城陶然园内
古建筑	明	五里亭	武安镇珠坂村
古墓葬	明	戴弘亮墓	陈巷镇古农村
古　桥	宋	古叉桥（孤星桥）	坂里乡铁丁口
古　塔	明	真应岩石塔	古农农场白石作区岩前社
古建筑	明	昭灵宫（大宫）	陈巷镇山重村
古建筑	明	玉珠庵	枋洋镇江都村
古建筑	明	福照亭	陈巷镇夫坊村
古建筑	明	“第一名山”石屋（曷山殿、曷山庙）	吴田山顶峰
古建筑	明	状元林震出生地——张氏家庙	武安镇京元村
石　刻	宋一清	天柱山摩崖石刻	天柱山上
古建筑	明	灵顺庙	陈巷镇夫坊村
古建筑	明	林氏祖厝	陈巷镇山重村院内社
古建筑	宋	瞻依堂	陈巷镇雪美村
古建筑	明	高濑庵	岩溪镇高濑村
古建筑	清	卢经“忠谏”府	枋洋镇青阳村
古建筑	宋	追远堂	岩溪镇硅后村
古建筑	明	杨海纪念堂	武安镇城关村后庵
古建筑	宋	长泰第一进士故居	陈巷镇雪美村西厝社
古建筑	明	龙仙宫	兴泰工业区积山村塘边社
古建筑	清	皇龙宫	岩溪镇甘寨村
古建筑	唐	报慈院	陈巷镇雪美村陶镕小学边
古建筑	唐	鼓鸣岩	枋洋镇径仑村鼓鸣山上
古建筑	清	朱一贵故居	马洋溪旅游区旺亭村亭下社
古墓葬	宋	杨博进士墓	陈巷镇雪美村莲塘山上
古建筑	明	普济岩	岩溪镇硅后村
纪念建筑物	1959	革命烈士陵园	县城县后山上
古　井	明	状元井	武安镇中山北路状元巷 1 号边
古建筑	唐	天竺岩	枋洋镇赤岭村天竺岩社
古建筑	明	珠石峰云崖岩	坂里乡正达村珠石峰山上
古建筑	唐	湖珠鼓鸣岩	岩溪镇湖珠村鼓鸣山上
古建筑	清	赠公祠	岩溪镇硅后村
古建筑	明	刘其忠故居	陈巷镇苑山村
古建筑	元	南岳正顺庙	县城南门边
古建筑	元	仁王遂 堂	兴泰工业区积山村史山社
古建筑	清	天柱山观音岩	天柱山上
古建筑	明	孟宁堡（上洋楼）	陈巷镇山重村
古建筑	清	楼仔厝	岩溪镇硅后村
古建筑	明	王惟恕进士故居	武安镇城关村西门
古建筑	明	戴时宗祠堂	县城陶然园内
古建筑	明	薛氏家庙	陈巷镇山重村
古建筑	明	外武庙	县城人民路西端
古建筑	清	龙锦宫（溪东宫）	武安镇溪东村
古建筑	明	慈济宫（内宫）	武安镇城关村后庵
古寨堡	明	林墩寨	枋洋镇林溪村
古　塔	明	文昌阁（文昌塔、文昌楼）	武安镇石岗山顶
古建筑	明	山美徐氏祖祠	枋洋镇尚吉村
古建筑	元	城隍庙	县城北门边
古建筑	明	石室杨氏世德堂	陈巷镇石室村
古建筑	明	威显庙	陈巷镇雪美村
古建筑	明	蔡氏祖厝	岩溪镇上蔡村
古建筑	明	顺正府庵	陈巷镇石室村
古建筑	清	锦灵宫	武安镇金里村
古遗址	商汉	戈林山古遗址	岩溪镇锦鳞村戈林山上

长泰县文物博物馆
2006 年 6 月 13 日

李白杜甫说的是长泰话？

国华
海棠

当人们用现代的普通话诵读部分唐诗宋词时，常常觉得它们的韵并不十分和谐。例如唐代诗人杜牧的《山行》：

> 远上寒山石径斜，白云深处有人家。
> 停车坐爱枫林晚，霜叶红于二月花。

按照诗律，诗中的"斜、家、花"三个字应该是押韵的，但是用今天的普通话去读，"斜"与后两个字并不押韵。而用长泰方言来诵读，"斜、家、花"都押a韵。这是怎么回事呢？原来是古今汉语的语音发生了演变。在历史的长河中，杜牧当时使用的全国性规范化语音"中古音"（又叫"京城音"），已经逐渐被北京音掩盖、同化。然而，长泰枋洋方言却奇迹般的完整地保留了中古音的基本特点。

又如后蜀后主孟昶的爱妃花蕊夫人，能诗善词，是当时著名女才子，国亡后听到"美女败国"的议论，心甚不平，口占一绝："君王城上树降旗，妾在深宫哪儿知？十四万兵齐解甲，竟无一人是男儿？"诗中的韵脚"旗、知、儿"，用长泰音读"gi、di、ri"，押"i"韵；若用普通话读："qi、zhi、er"，韵母都不押韵，这在古代诗词韵律规则当中，是不被允许的。古代诗词对押韵、平仄最为讲究，用现代普通话去念，有的就不押韵，而用长泰方言读则一定会押韵，其主要原因是，长泰方言不仅沿袭了唐宋中古音的特点，而且至今保留完好。因此，今天你如果用长泰的枋洋方言来诵读唐诗宋词，抑扬顿挫、句句动听，古朴典雅、篇篇入韵，散发着中古时代的浪漫气息。也可以这样说，李白杜甫说的就是长泰话。

中国语音发展经历了"上古音"、"中古音"和"北京音"三个阶段。上古音是先秦时期全国的标准语音；"中古音"则是隋、唐、宋时期的全国性规范化语言；随着元朝在北京建都，直至明朝以来迁都，北京音逐渐传遍全国各

品味龙津风情

113

地,中古音为北京音掩盖并逐渐失传。新中国成立以后,不少现代语言学家认为,中古音已经在民间失传了,全国会懂得中古音的人屈指可数,如郭沫若、黎锦熙、王力、罗常培等人……可是,现在还生活在长泰,76岁高龄的高级退休教师杨竹安告诉我们,40年前,他就读于福建师范大学,曾师从著名音韵学家、中科院谢石鳞教授。一天,谢教授给学生上《古音韵学》课,说到唐诗宋词的韵脚与语言演变的关系,不曾想,杨竹安站起来说,用他的家乡话念唐诗宋词,都能入韵。

谢老师当场在黑板上写下几个字考他:"甘、苦、撤",杨竹安到黑板上注音:"gam(m收音)、keu(乌eu韵)、tiat(入声at收音)。"并说长泰方言,特别是文读音就是发这种音。谢教授大为惊讶,知道中古音在中华大地上没有消失,特别是长泰方言,更是宝贝。于是,在谢教授的指导下,杨竹安和他的同学对此进行了研究。

他们发现,长泰方言读法与《康熙字典》注明的中古音读法如出一辙。闽南语漳州腔也保存了中古音的部分发音特点,但只有长泰方言保存得最为完整——它保留了中古音七个古音。社科院语言研究所所长罗长培著《汉语古音韵学导论》(1956年)提到中古音的一大

特征"eu(eo)"乌韵,正是长泰方言的一大特点,为漳州其他县份所没有。用长泰方言朗诵在海峡两岸流传甚广的民谣《天乌乌》:

天乌乌(eu eu),要下雨(heu),举锄头,巡水路(leu),遇到一群鲫仔鱼,要娶"某"(beu妻),鲇鯭做公祖(zeu),咬我脚后堵(deu),莫咬我乌布裤(eu beu keu)。

这首民谣押的就是典型的乌(eu)韵。再如"甘、苦、撒",长泰方言的语音应该是"gam(m收音)、keu(乌eu韵)、tiat(入声at收音)"。这都是长泰方言所独有的。清朝音韵学家钱大昕提出:"古无轻唇音",即无"f"音。如中古音声母"非、敷、奉",长泰音读"hui、hu、hong",而不是"fei、fu、fong",就印证了这一点。中古音独有的入声,其特征以"p(b)-t(d)-k(g)-h"收音,如:合(hab)、撒(tiat)、哲(diad)、扩(kok)。现代汉语北京音没有,而长泰音的入声却与之丝毫不差。从《康熙字典》、《闽南话普通话词典》以及《词源》等辞书中,刊载的中古音阴阳四声调值看,长泰音也与之完全吻合。古人描述:"平声平道莫微昂(5-5),上声高呼猛烈强(5-1),去声行人哀远道(3-1),入声短促急收藏"等状态,正是如今长泰方言的真实写照。于是,他们得出结论:"长泰方言完整地保留着中古音的基本特点,是研究中古音的'活化石',是中华民族古文化的一大瑰宝!"

那么,为什么长泰能如此完整地保存下中古音呢? 长泰和中古音结缘,有两个原因。一是特殊的地理位置。在古代,长泰是闽南边陲山区小县,人口稀少。唐文德元年(888年),长泰未建县之前,朝廷派遣杨海任武胜(长泰当时称武胜场)大使,主政长泰。杨海来自河南固始,带来了许多中古音发音特点。语言是社会约定俗成的比较稳固的一种社会现象,但也会随地域的分化而悄然发展演变。可是,长泰由于交通不便,相对闭塞,群山阻隔使长泰方言得以把中古音保留了下来。二是深厚的文化积淀。隋唐时期,佛经传入中国,为翻译梵文,激起音韵学研究的高潮。更重要的是与隋唐以来科举取士有关。科举取士,实际上也可以说是以诗赋取士,不懂得中古音,就难于写诗作赋,科举就难以成名。于是,民间私塾教授中古音,为科考作准备,也就成为一种必然。而长泰自古以来人文教育鼎盛,宋朝就建有文庙,漳州历史上唯一的状元林震,也出自长泰。完善的人文教育和对古文化的推崇,为方言的保存起到了很好的平台作用。

语言代表历史。长泰是一座置县千年的古县,长泰方言——这一块中古音的"活化石",无疑为这座古县增添了精彩一笔。

品味龙津风情

◎ 长泰明清士子诗书一瞥 | ◎ 高鸿

自宋以来，长泰士子如云，尤以明清为最。

诗书，历来为士子登第及吟咏风花雪月的遗留，风流泽被。而书法墨迹则被视为逾越千古的心电图，让你感受文人骚客精神世界的体温。在宋至明清长泰这方土地上，如云的长泰士子，究竟上演了多少诗书合璧以及诗书悠游的文风轶事呢？

回到明、清，让我们来一次巡览吧。

戴燿，官至兵部尚书、两广总督，被朝廷封为资德大夫，是长泰历史上官宦职位最高的官吏。同时，他也是一位饱学之仕，诗书不让前贤，有诗为证："学舍荒芜绿草中，讲堂新构接黉宫。昂藏多士青云器，辩论诸儒白虎通。摇笔珠玑腾夜月，盈门桃李倚春风。从兹邹鲁归吾邑，始信文翁化俗功。"（《兴文会馆》）其书法苍厚古拙取法高古，最具特色的遗存当推广东七星岩摩崖岩刻石："泽梁无禁，岩石勿伐。"石刻高 3 米，宽 1.64 米。在任两广总督时，其政绩显著，且十分注重环保，曾下令在百余里的驿道两旁种植松树，使之成荫，下令禁止在七星岩采伐岩石，并身体力行，以擘窠巨书写就，力能扛鼎，气贯如虹。戴燿手书刻石至今保存完好，从中可溯其学书渊源：取法在"隶变"之间。中国书法到了隶书向正书过渡时期，亦楷亦隶亦隶亦楷，在敦煌无数写经残卷中便可领略这一特定历史时期的"化合物"。

戴燿手迹

在长泰建县 1030 周年展览布馆时，我见过戴燿写过的条幅（行草）："高阁层楼楼上台，武安风景画图开。寰中弦诵千家起，槛外潮声万里来。云拥吴山连睥睨，月明潮水浸楼台。西南保障功难泯，江左原推管仲才。"（《西城楼和管橘韵》）诗人诗书联缀满腹经纶，透过其才华横溢的华章，我们不难发现戴燿在碑帖互见中蹀躞的自在与从容。

林震是古代漳州的唯一状元。林震状元及第后，被授翰林院修撰兼国史编修。他居京八载，担任文学侍臣，曾主持编修《明实录》。林震出身贫寒，淡泊明志，不愿浮沉宦海，于明正统二年（1435 年）称病告归。

让我们先看看他的文,再瞧瞧他的诗,最后品品他的书法吧。林震自述:"夜则读书于室,昼则樵于山,倦则息影林樾下,出携卷腰底,读之声朗朗出树间。"(可见其读书的刻苦与勤奋)林震参加殿试卷中云:"臣闻致治之道,必以教养为先,而教养之道,当以得人为要,盖农桑所以养民,学校所以教民,是二者,衣食之本,风化之源,而君人者不可为以此为先务也……"可见,其为文重推理,文风质朴、畅达。皇帝览卷大悦,钦定林震为新科状元。林震诗亦见宏阔奇伟:"仙子乘鸾谒太清,空山孤鹤唳蓬瀛。玄都观里琴之弄,南岳楼前笛一声。钟动客窗惊晓梦,月移花架过西庭。心香每祝华封寿,万载乾坤属大明。"(《题紫极宫》)相传其殿试之诗神游万仞飘渺无极:"骑鲸直上九天台,亲见嫦娥把桂栽,幸得广寒宫未闭,被臣连夜抱归来"。(《蟾宫折桂》)可见其诗直白中见真率。

林震手迹

漳州市政协编印的《漳州历代书画精品集》把林震的行书放在首页,可见对其状元一格的推崇。林震行书:"乔木风声羡翠林,德业闻望快人心。最是后昆流派远,由来先世泽源深。朱门自与蓬门别,芝草那堪蔓草侵。扫榻披阁一遍览,郑宗声贾重千金。"取法羲献尤以"兰亭"为契心处,提按使转风规自运。按理说,明清"馆阁"盛行,未见布如算子,摒弃流行的"油光滑亮"。可以想象,为登堂入仕毕恭毕敬的书写,为宏图大展一招一式地追求笔笔有来历的点划,是科举考试的潜规则。对于个性的张扬与书风的丰富性而言,无疑是棒杀。但考场如战场,生死予夺,全在一卷之上。这种压制,使中国书法漫长而悠远的传统一时被定格。定格在规矩,制约在规范,窒息在单一,扼杀在雷同。然而,林震的书风竟然迥异于时流,在风规朗畅中述说他的承传与心性,在遵规中稍事逾越,于蹈矩里偶见峥嵘。

林震的老师唐泰也写得一手好字。唐泰的一幅行草横幅,有魏晋高士绝尘之风,有"龙跳天门,虎卧凤阙"的承传,温润流美中有如目送飞鸿手挥五弦之态。唐泰书法以"淡墨"抒写超然风神,端庄的结体,自如的节律,淡然的隐喻,高蹈的风规促成了最具精致的书道与人品的显现。书如其人诗咏其志:"大均运化,品物流形,赋之实理,人唯物灵。唯灵之思,心为神主,感物而动,慎思为英。心原所发,善恶之机,徇象化物,禁止自欺。静无妄发,动无颠踬,真积日文,化而诚矣。"唐泰进士及第则无意功名。辞官隐退归乡

117

后,兴办书院,搭盖草舍一百多间,接纳四方学子。培养了状元林震及一大批进士举人,有一代宗师的风范。其书法的超尘脱俗则是其人格与精神的迹化。如果说董其昌的淡墨超逸凸显了一代精神贵族的绝响,那么,唐泰淡雅冲和则隐喻着高仕贤达内修无为之境。

唐泰的萧疏淡宕充满学究之气,与之相对应且具铿锵之声的当推戴燝。这种相对应或者说不同的审美旨趣,导致艺术创作的双轨制,戴燝书法作品颇具庙堂气,书法体势承接鲁公气象豪迈不拘。长泰南门有石牌坊"祖孙执法"四个字便是其畅意之作,具恢宏坦荡之气,于俊逸中见森严,紧凑中见委婉,不激不厉中见风规自远。远摄颜鲁公之气,自成方圆。戴燝官至四川按察史,今四川眉山三苏祠有其所书楹联:"一门父子三诗客,千古文章四大家。"任职之余,吟诗赋对,诗意清新隽永:"三山望去气萧疏,万井霞光得曙初。隐见扶桑枝上影,参差蛟蜃窟中居。楼船一去无消息,釜岛于今有聚庐。闻道至尊忧社稷,请缨无策正愁予。"(《琅琊东望》)有感而作,琅琅上口,有"词林宗工"之誉。

以上所述各家,可谓"能品",而以书法本体语言而论,称得上个性语言者,当推谢谦亨,其书可享"妙品"之谓。谢谦亨,进士及第。官至江南道监察

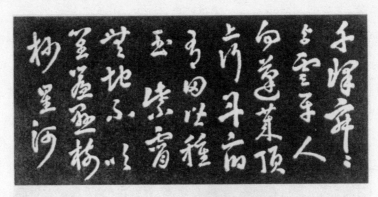

戴燝手迹

御史。为政多有建树。然一样厌倦官场，决意辞官归里，课徒授业。精文学，好诗词。有名诗佳句如："芸馆十行书凤尾，沧波万里驾鳌头。""壮行志合经纶展，老将身为著作延。"有诗书楹联传世，最具风神莫过于："自喜轩窗无俗韵，小携樽酒作清游。"被收入明清楹联书法妙品之列。《自喜·小携》联书法用笔圆润蕴藉，丰腴韵胜，取法魏晋，奇崛悠游。不作宕逸之势，而以内敛蓄势为能。真有"无俗韵与作清游"之状，与文人弄翰彰显书卷气有所不同，在于他对书法本体语言的精妙把握，无论用笔的方圆结合还是结体的巧拙相生，都具有较高的笔墨含量，显得专业，显得精妙，显得自我。

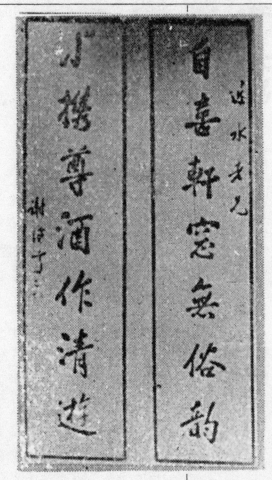

谢谦亨手迹

与谢谦亨独异其趣又殊途同归者，便是清吴一蜚。吴一蜚进士及第，初授翰林院编修后曾于宫中任太子陪读。之后告归侍母。吴一蜚书法劲健，承赵子昂遗绪且中规入矩，书风俊秀流美，颇见风骨，与赵子昂圆媚姿致有所不同的便是其桀骜不驯的丰富笔性。从他的尺牍手札上或许更能窥其精奥。然其格局不及谢谦亨。精绝过人，蕴藉欠佳。

涛声依旧，流走的是绵延的历史，沉淀的则是永恒的人文。在纷繁浩渺的长泰历史长河中采撷到的丝缕点滴诗书遗珍，无异于艺海拾贝，但这些犹如在海滩上闪耀着光芒的珠贝，可以穿越千年，到达永远——成为长泰非物质文化遗产的组成部分世代相传。

品味龙津风情

◎ "八音"悠悠乡情浓 ◎ 何安主

　　"八音"民乐在长泰流传始于清光绪三十一年,是由泉州一戏班带来的。之所以称之为"八音",是因其使用的乐器而得名。八音,即八种乐器:哒仔(高音唢呐);大广弦;三弦;笛子;壳仔弦;铜锣;叫锣;铜钟。八音曲调优美流畅,行云流水,婉啭悦耳;节奏舒缓有致,规整清晰,若演奏得好,喜怒哀乐抒发自如,传情达意,扣人心弦,极具场面营造的浓厚效果。在当时,凡婚丧、祭神、庙会、庆典、新屋落成等活动,都可以出场演奏。"八音"演奏的场面极具舞台色彩,单说那各个艺人的演奏形态,就够你大饱眼福了:敲鼓的腰扎腰带,高卷袖管,夏日时有的甚至光着膀子,两把握槌敲大鼓的手,绷得青筋暴露,仿佛钢铁浇铸似的,上下富有节奏地交替敲准鼓点,鼓声震天动地,让人激情澎湃,热血沸腾。鼓点时而如暴风骤雨一阵紧似一阵,时而粗犷、豪放,让人舒筋活络,气贯丹田;吹哒手的更是摇头摆脑,神情诙谐幽默,随着曲子的变化,时而仰天劲吹,时而绕圈抒情,时而左右频送,真是神情兼备,音态和谐,像是一种通俗易懂的音乐舞蹈……你若有机会亲临现场欣赏,说不定也会被感染得手舞足蹈起来呢!

　　在长泰流传的"八音"主要以南管基本曲为主,其主要代表曲有"陈三五娘"、"秋天风雅"、"园内花开"、"基本管"、"打花鼓基本曲"、"观音母"、"将军令"、"上酒楼"、"百家春"、"过江龙" 等。其次有 "芗剧八音"、"中古音",都属"八音"民间曲调范围。由于"八音"流传于民间、属自发性的兴趣组织,且适应面广,曲调又有相对稳定的格式,填词较自由,因此,民间的"八音"乐队遍及全县各乡、镇、村、队,有的甚至一个生产队就有一两个"八音"馆。当时尤以京元村、岩溪镇、坂里乡、陈巷镇、武安镇为盛。单就京元村就有好几个"八音"馆,一到晚上,约定俗成,以馆主家为演奏场所,自编自唱,引来了周边的乡亲,极大丰富了群众文艺生活。久而久之成了各村文化熏陶的重要阵地,成为各村夜生活的一大亮点。再加上热心艺人的自编自演,很多党的方针、政策都成为"八音"贯彻落实的好材料。如,在抗日战争

八音

大鼓凉伞

芗剧

时期,京元村民间就用中古音编成歌谣,用八音配乐广泛宣传:"天乌乌,要下雨,日本坐电船探水路,想要对我通,爬上咱的陆路,假插中国旗,给咱们嫌疑;咱的军队好目色,等到电船驶近岸,枪声呼呼号,打死日本狗,日本中伤吱吱哭,电船转头快紧走,打死日本狗。"新形势下,宣传党的计划生育,也编唱得深入民心:"党的精神记心内,建设小康社会要人才,现在是男女不分新时代,不比多子比贵子,不比男子比才女,不比钱财比人才,家家若生贵子,户户就都致富,小康社会人人都富裕。"由此可见,"八音"确实是一种通俗易懂,琅琅上口的宣传工具。但因其自发性、民间性、群众性,也制约了它向更高层次发展。尤其是今天,经费的来源严重地影响到"八音"的传承。这一优秀的民间曲艺,正面临着青黄不接的窘境。

民间曲艺"八音"历史悠久,如果能在长泰沐浴新风,再逢甘露,那是一件多么好的事情啊!

品味龙津风情

文昌长泰

【海峡二十七城市历史文化系列】

普济岩位于旌孝里珪塘社(今属岩溪珪后村),原址在福金山,始建于唐代,明弘治末年(约1499—1505年)迁建珪塘。该岩建筑面积559平方米,周围场地开阔。殿宇分门厅和正殿,中留天井,饰有精致的木雕、石雕,雕梁画栋,建筑具有特色。普济岩前方约30米处开凿一个池塘,取意朱熹名句"半亩方塘一鉴开"。

◎ 普济岩前下水操　◎ 唐枫

每年正月十七,春寒料峭,长泰岩溪镇珪塘普济岩,却热闹非凡。

夜幕降临,普济岩前早早聚集许多慕名而来的民众,都是为了一睹下水操这一传统民间信仰习俗的风采。熙熙攘攘的人流,把岩前的一鉴方塘围得水泄不通。鼎沸的人声,紧密的锣鼓声,铿锵的吆喝声,仿佛煮开了的油锅,又似憋足了劲的水牛,闹腾腾的在乡间跳起了一支春之舞蹈。

参加下水操的都是精挑细选的叶氏青年。光着上身,穿着短裤,赤着脚丫,让人看着心里暖烘烘——冬天被他们赶跑了。这些青年人每四人一组,抬着三尊神像,光脚趟过一条烧得通红的火碳路,然后纵身跃入岩前冰冷的水塘里。齐胸的冰水,冻得人牙齿打颤。可是这些年轻人却在水中高蹈摇晃,颠簸进退,呼号震天。虽春雨缠绵,寒流袭人,也绝不怯退。岸上与岸下,互动起来。"嗨哟!嗨哟!"吼声震天响,仿佛把人们一冬的憋闷全释放出来,也喊出了人们对新春的希冀与憧憬。

普济岩前"下水操"风俗,已有几百年历史了。叶氏的子孙在春天里演绎"下水操",除了追思纪念叶氏祖先,更重要的是追慕纪念南宋文天祥以及张世杰、陆秀夫等三位爱国忠臣。相传长泰叶氏开基始祖叶棻,时为南宋抗元的后方督粮,与文天祥等同为一朝之臣,其子在山东威海卫服兵役,亦在一次抗元海战中牺牲。叶氏一族爱国之心天地可昭。当时,叶棻追随丞相陆秀夫、元帅张世杰抗元,参与了崖山之役。崖山,就是当年陆秀夫背负少帝昺蹈海殉国之处。战后,叶棻还打捞了忠臣烈士的尸体,背着三个"神柱"返乡,才立庙祭祀,并立下乡规,每年正月十七要抬三尊神像,下水"犁"神,即"下水操"。文天祥以及张世杰、陆秀夫三位忠臣大将被称为"九龙三公",并被请进了叶氏祖祠供奉。"下水操"表达的就是当年"三公"不顾个人安危,崖山海战的艰苦卓绝。这些操法暗喻"三公"不惧沉浮危险,为挽救民族国家于危难之际,虽历经风雨飘摇,颠沛流离,而意志弥坚,坚贞不渝,鞠躬尽瘁,死而后已的精神。

祖祠顾名思义，理所当然供奉开拓祖基、德佳行懿的祖先。而珪塘普济岩把异姓异族之人请进祖祠供奉，且叶氏子孙几百年来义无反顾地承继这一风俗，确实是不寻常的。

站在普济岩前，闲云流水，垂须老榕在夕辉中静默无语，不禁令人散发怀古幽思。当再次捧读文天祥的《过零丁洋》、《正气歌》、《指南录后序》等豪篇佳作，凛然正气直冲膺腑……

叶氏追远堂

位于雄孝里珪塘社(今属岩溪珪后村)，明洪武元年(1368年)扩建，为四合院落式，堂内木匾较多，保存原貌。穿斗结构多样，柱础鼓形，中梁绘八卦。保存完好。

辛苦遭逢起一经，干戈廖落四周星。

山河破碎风飘絮，身世沉浮雨打萍。

零丁洋里叹零丁，惶恐滩头说惶恐。

人生自古谁无死，留取丹心照汗青。

珪塘点灯

◎ 宋 萌

镜头一：2005年2月27日，几个小女孩在长泰县岩溪镇珪塘祖祠前玩耍。当天，42个珪塘叶氏新公前来点灯祭祀祖先，其中有二位老人的孙辈是女孩。

镜头二：正月十九，一支兴高采烈的吹打队，在珪塘各乡村角落里穿行。鼓乐声声，一路凯歌高奏，喜庆的花灯，荣耀的牌匾，送到了有子女考上中专大学的叶氏人家。

正月新春，中国传统的"元宵节"，很多地方都有点灯祭祖的风俗。长泰县岩溪镇珪后村的珪塘祖祠，上元点灯却很特别。正如上面两个镜头所看到的，女孩可以进祠点灯，考上中专大学不论男女亦都进祠点灯。

俚语说："十三点灯起，十五上元冥。"据说，珪瑭的元宵灯节从唐朝开元年间就有了。元宵期间。凡生男孩的叶氏族人都要前来祖祠挂灯。祖祠的屋檐、大厅到处都挂着斗灯、橘灯、宝塔灯、如意灯、走马灯、龙凤呈祥灯、仙女荷花灯、嫦娥奔月灯等等，灯罩上的图案，题材丰富，千姿百态，栩栩如生，令人目不暇接。

在温饱都成问题的封建时代，女娃备受歧视，女儿被视为祸水。珪塘叶氏就曾出现生了女孩就送人，自家要么养男孩，要么养童养媳，就是不养闺女的

怪现象。不可否认，在社会日益进步的今天，虽然女子也是半边天，女儿也是传后人等观念正逐渐取代陋习，但是有些地方尤其是农村地区仍然或多或少存在着"重男轻女"、"男尊女卑"、"不孝有三，无后为大"、"嫁出去的女儿泼出去的水"等落后的生育观念和婚育习俗。在这种情况下，珪塘让女娃进祖祠点灯的做法就显得十分可贵。它扭转了农村歧视女孩的世俗眼光，解除了女孩家庭的心理包袱和精神阴影。

珪塘祖祠上元点灯还有一个很重要的功能就是彰显学业有成的叶氏子孙。今天，珪塘叶氏族人与时俱进，特别重视教育，制定新的族规，凡是考上中专大学，不论男女，均可在元宵节前来祖厝挂灯，考生的名字及考上的院校在祠堂里上墙公布表彰。

中华五千年的历史，留下了无数民风习俗。如果都能像珪塘点灯这样与时俱进，推陈出新，新时代的农村文化建设不是更加大放异彩了吗？

山重村：猪王争霸1300年 ◎ 伟群

　　无论是中央电视台的"同一首歌"，还是湖南电视台的"超级女声"，其创意之别致，引得了全国歌迷、神州女孩心狂。但比较长泰山重村的养猪大赛，这些创意却似乎显得有些浮躁了——哪个赛事能如斯——寻常农家寻常农活却能演绎出千年传奇，一项赛事风光不绝地传承了1300年。

　　山重村的历史是从公元669年开始的。时"开漳圣王"陈元光的"行军总管使"薛武惠奉命率军进驻山重，后定居繁衍于此。因其功名显赫，建薛氏祖祠时便设了五宪门，依民俗则可准以摆生猪生羊祭祀。因此，后人每年正月初八便在此献牲祭祖，并以谁家猪大为荣，后来这习惯便延续而来，演化为养猪比赛，彰示"养大猪、保平安、庆丰收"之意。

山重摆大猪

　　赛事最初，是一户养一头猪，祭祀时几百头猪排满了祖祠前的大土埕，"摆大猪"的名称就这么得来了。后来，薛氏人家为了勤俭节约，就简化了这一活动，改为由薛氏宗族家长扔卦，按报上的由老及少人员名单顺序，一次性地定出各薛氏聚集的生产小组的养大猪人选，并将山重分为后厝、大枋—后园—圳仔乾—菜园内等4个区落，每个区落轮流主事祭典。而按照这一规则，村民轮回养猪一次约要30年。一辈子就这么一次，薛氏人家都以轮养大猪为荣，连一些已迁居外

地的薛氏也争着要养,掏钱请亲戚帮忙。

养一头参赛猪,要忙上一二年时间,村民们恭敬地称猪为"爷",并以比养儿养女更虔诚的心,用上最好的精料喂猪。新中国成立前,虽然家里没什么吃的,孩子们都饿得慌,但有的人家依然不敢怠慢猪,杀小鸡雏,蒸以糯米饭,揉成饭团跪在地上一口一口地喂,实在敬重有加。

这猪是要献给祖宗享受的,是天公猪,因此养这猪有诸多忌讳。特别是不能在猪面前评头论足,说猪"胖",说猪"大"都不行,怕猪听了不高兴。因此,养猪户们有的就在猪圈门口处挂了张布帘遮挡,有的干脆围上了道墙,装扇木门,寂寞猪圈深院锁大猪,不让人近前观看。而最拒之门外的是沾惹丧事的人,既不让有参加白事的人靠近,连自己也不去参加,怕的就是沾上了晦气,对天公猪大不敬。

养大猪,主人都是要贴本的,仅麦皮、大米等吃的就上千元了,这还不算工钱呢,而就是获得冠军的,主人得到的也不过是包120元的红包,另外,分猪肉时是以优惠价销售给乡亲们的,怎能赚钱呢?但村民们依旧乐此不疲,他们说:"我们养大猪是不论代价,不惜成本,不是为了钱,而是为了争个名誉。"

到了正月初八中午,集万千宠爱于一身的大猪们就要告别幸福的生

品味龙津风情

活了。由同一位师傅主刀取出猪下水,用同一把磅秤计净重,由牵头主事祭祀的9名老人现场鉴证。下午,"参赛猪"洗净后,"扒"在竹架上,由几名壮汉抬着,主人在前开路,乐队在后敲锣打鼓,全村老少争相涌出观看,风风光光地游走村里一遭后才送进薛氏祖祠。据藏于祖祠的赛事成绩本载,截止2005年,成绩最好的是1994年的冠军猪,净重297.25公斤,按胚重的7.5折算,整猪毛重约450公斤。

　　猪以体重论英雄,大块头就有高待遇。当晚,九只参赛猪聚会祖祠,皆嘴含红橘,寓意"大吉大利",身披红缎,头插着翠绿竹叶,而前两名自然尊贵,"冠军猪"最排场,身上还要另叠只羊,插戴两只"金花","亚军猪"则是身盖油脂,插戴一只"金花"。初九上午,养猪大赛便偃旗息鼓了,统一每公

斤优惠一元,瓜分九头参赛猪。2005年春节期间,在第一届长泰(山重)新春民俗文化旅游节中,就有数千人次游客到山重,目睹了这千年不衰的猪王争霸盛况。

年年岁岁花相似,岁岁年年猪亦同。走在这宛如世外桃源的千年古村里,触目到的是青山绿水,聆听到的是乡风淳朴,一股田园清风扑面而来。听说台湾阿里山也有养神猪的,规矩也是大同小异,村民们说,其实,台湾高雄茄定乡,就是山重薛氏过去开基的。闽台两地渊源,本是一家,这一湾浅浅的海峡又岂能阻隔?我想,到了那一天,兄弟牵手,共办猪赛,那真是猪之幸,民俗之幸,百姓之幸,社稷之幸!

长泰手抓面　◎ 叶小秋

　　手抓面是闽南独有美食之一，以其乡土特色驰名。虽然它很少在殿堂宴席上出现，但由于口味独特、方便随意，在闽南乡间颇为风行，深受群众喜爱。

　　手抓面，顾名思义，即用手抓着吃的面，以面饼裹着油榨豆腐干或五香肉，抓在手掌里进食而得名。看起来并不合卫生习惯，有一种"粗人"的味道，但分明透出一股很亲切的平民味。

　　手抓面，黄澄澄金灿灿油亮亮，又软又韧，盐碱适量，其味温和，在闽南湿热的气候下也不容易变馊。地道吃法主要有两种，一种是加上炸豆腐，裹着吃，所以也叫"豆干面"；一种是加上五香条，这也是闽南的美食，当然还可以放上卤肉片、烤肉片之类。配菜一般是炒得脆脆的青菜或腌渍的凉拌黄瓜、凉拌萝卜等，加醋、砂糖拌成，最好再放点香油或辣椒。卷起来，用手一抓，捏成纺锤形，蘸点酱，就着各色凉菜，送进嘴里。凉凉的面条，酸酸辣辣的酱，还有丝丝凉菜，带着油香的五花肉、豆腐干，酸、甜、香、麻、辣，一应俱全，滑利爽口，令人齿颊留香，大快朵颐，吃得自在畅快。在长泰农村还有一种特别的吃法，倒上一点儿刚榨出的花生油，还温热着，揉着面吃，满嘴那种原汁原味的面香，越嚼越有味。

　　长泰的手抓面除了手抓着吃以外，还有其他的吃法。比如做成卤面，香菇、虾米、三层肉炒出香味，加水烧开，放金盏花、豆芽菜，淋上打透的鸡蛋，勾芡兑卤汤，趁热淋在面上，卤面即成。也有不打卤的，以普通的肉汤代卤，

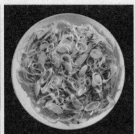

称水面。还可以炒着吃，佐料凭个人口味，长泰人尤喜放牡蛎。在长泰农村，逢年过节家家户户都要备上手抓面和三牲祭祀祖先，客人来了，炒面也是一种好客的表现。

如果有机会看师傅手工制面，那简直是艺术享受。先是点碱，多少比例要合适，因为面的质量取决于碱水的比例，老牌的手抓面关键就是点碱的功夫。二是和面，大缸里的面粉转眼间成为黏糊糊的一团，推拉、拍击、揉转之间，变成光溜溜的面团，再放到专用的条几上。三是揉面，师傅持一横木，一端插进对面的槽中，中段置面团上，人侧身骑坐横木末端，单腿弹跳，横木随人上下起伏、左移右动，是揉面，也是舞蹈。只有揉透了的面吃起来才劲道。四是擀面，方法同和面相近，擀一层，撒一回粉，折叠后再擀，直至符合要求。五是切面，用刀切成均匀的细条，直径2-3毫米。最后是氽面，面条在沸水锅里氽熟后迅速捞出，盘成巴掌大小，一份一份，晾在贺竹匾上，手抓面就做成了。

手抓面的可爱，除了是一种诱人的口舌享受外，更在于它是平民的吃食，引车卖浆辈的享受，虽不登大雅之堂，但味美、营养、方便。不必借用任何餐具，抓在手上即可大嚼特嚼；不必正襟危坐，孩子们是边玩边吃，乡下农民一边荷锄扛犁，一边咬着手抓面下田，犹如现今城里的"上班族"，为了赶时间，边啃面包喝牛奶，边急急行走的情形；更没有主食与零食的区分，肚子饿了随时可以"抓"来享用，况且荤素结合，营养丰富，物美价廉，深受平民百姓的喜爱，也可见闽南人潇洒轻松、随意自在的个性。

岩溪芦柑领风骚 ◎ 杨伟群

"一年好景君须记，最是橙黄橘绿时"。接近新年时，水果市场上，芦柑便独占风情了。

闽南盛产芦柑。而闽南芦柑，要数长泰芦柑为最。长泰芦柑，又名碰柑，名气久矣了。凡说起长泰，则必先言"芦柑"，可以说，许多人认识长泰，正是从认识"长泰芦柑"开始的。

长泰气候温暖，雨水充沛，光照充足，自然的宠爱，培育出了长泰芦柑这个果中明星。全县的山山水水，映入眼帘的皆是橘园，似乎连空气中也弥漫着橘香的味道。每当收获季节，那一颗颗，一串串，挂满绿叶枝头的橙黄果实，漫山遍野，如彩带般地缠绕在山岗上，闪耀着丰收的希望，美不胜收。这时，全国各地的收购商纷至沓来，果农商家你来我往，好不热闹。

长泰岩溪镇1995年被农业部授予"中国芦柑之乡"之名，旗下之青年果场、五四果场是生产

经营长泰芦柑的佼佼者。其中,青年果场立体开发山地建设万亩优质芦柑生产基地,形成四个生产作业区,建立了五千多亩林果生态园,并培育成功了我国迄今为止第一个芦柑芽变晚熟新品种——岩溪晚芦,成熟期比常规芦柑推迟约2个月,具有延长市场供应期和出口创汇的优势,列为国家重点开发项目,现该品种已推广到云南、四川等省市。

每年11月至12月,是长泰芦柑的采摘季节。采摘时,要求颇多。工人们要修剪去指甲,以防止划破芦柑表皮,缩短保鲜期;下剪时,一手要从底下托住芦柑,另一手才持剪齐着蒂头切去,不留冗枝,以免在装筐运输时碰撞互伤。

春节前后,大量鲜果投放市场。单果直径多为70—80毫米,大的可达120毫米。经检测,一般硕果重在125—200克之间,最大的可达650克,可溶固形物占14.3%,含糖量12.5%,含酸量0.58%,每百克果汁中,维生素C的含量38.5毫克,全果可食部分占76.8%。

长泰芦柑果型硕大,色泽橙黄,望之便赏心悦目,有未尝先醉之趣;皮薄易剥,双手抱住芦柑从果托入手,轻轻一掰就一分为二了,单是这晶莹剔透的果瓣就已十分养眼了,更别提剥下一瓣塞进嘴里的感觉了——咬,满口生津,丰富的果汁,浓郁的香味,酸甜适度,沁人心脾。

多年来,长泰芦柑以其色、香、味三绝而蜚声海内外,被选送为首都钓鱼台国宾馆、人民大会堂专用宴果,并远销东南亚、港澳市场。自1985年以来,长泰芦柑连续多次在全国水果鉴评会上在同类产品中以总分第一的成绩,摘取了"全国优质水果"荣誉称号。长泰芦柑还在国家工商局以"冠牌"商标注册,成为目前唯一有注册商标的柑橘产品。1996年,长泰芦柑获得了"绿色食品"标志使用权。原全国人大副委员长彭冲题赞:"长泰芦柑,品种优良,柑中之冠,"国务院原副总理邹家华也挥毫:"闽南芦柑乡,奋进又自强。"

据《农政全书》、清《闽产录异》等史料记载,从唐宋起,长泰就广植柑橘等水果。特别是山坪的柑橘、溪东的文旦柚等驰名于世。今天的长泰人想方设法继承传统,做大做亮长泰芦柑品牌。于是,上一个世纪末,长泰人为芦柑披上了文化的盛装,使其摇身一变,不仅成为长泰的"形象大使",而且使其成为长泰旅游的新亮点。他们办起了芦柑节,策划推出了"走进长泰芦柑公园"旅游线路。人们在品尝着鲜果的同时,品尝着长泰这一块土地的芳香和热情。

◎ 状 元 蜜 橘 ◎ 阿甘

状元蜜橘,顾名思义"橘中状元",当然是风味独特,不同凡响。

不要看状元蜜橘个头小,来历却不凡,个中还有个典故。状元蜜橘的传说源于漳州唯一状元郎林震。林震,字敦声,今长泰县枋洋镇科山村人,生于明洪武二十一年(1388年),出身寒微,却矢志用功,永乐十八年(1420年)他参加乡试,中第六名举人。苦学十年后,宣德五年(1430年)他进京会试,大魁天下,殿试一甲第一名,状元及第。金榜题名的喜讯传至科山村后,乡人便在其家周围栽培了四五亩橘树来庆贺他。这些橘树结出的果子又红又甜,食之令人拍案叫绝,自此,"状元蜜橘"的名气便不胫而走了。如今,科山村的状元蜜橘依旧翠绿可人,橘花飘香,状元的福荫延续不绝。

或许是汲取状元宝地之灵气吧,与其他橘类相比,状元蜜橘具有独特的清香,闻之提神醒脑、沁人心脾;食之唇齿留香、润甜爽口。橘皮健脾化痰,橘络通经活血,橘核理气散结。《随息居饮食谱》云:蜜桔"醒脾、辟秽、化痰、消食"。《中国药用植物图鉴》也载,蜜橘"治胸脘痞闷作痛,心悸亢进、食欲不佳、百日咳"。中医认为,蜜橘性温、味酸甘,具有理气、解郁、化痰、醒酒等功效,常吃还能治胸闷郁结、肝胃不和、食滞胃呆等症,并增强毛细血管弹性,防治脑血管疾病。可以说,状元蜜橘全身都是宝。

状元蜜橘果形、色泽、味道也自成一家。其果实较小,单果重40~60克,果形扁圆,果皮薄,平均厚0.11厘米,皮黄如金,富有光泽,油胞小而密,平生或微凸;果瓣7~10片,汁泡黄色,柔软多汁,风味浓甜,香气醇厚,简直入口即化,一颗一口还不能解馋,恨不得一口塞上三颗四颗才过瘾。因其皮薄,有特殊芳香,也可连皮生吃,又别有一番口感。

而让人不解的是,这种蜜橘只要离开林震祖家的那条峡谷,长出来的果子皮就变淡了,味也变酸了,颇有"橘生淮南为橘,橘生淮北为枳"之神秘。因此,当地乡亲传言道:这是状元蜜橘留恋故土,不舍远行。目前,状元蜜橘仅限在枋洋镇繁衍,产量有限,所以每年上市时节,状元蜜橘十分紧俏抢手,供不应求。

◎ 石铭槟榔芋 ｜ ◎ 思贤

　　我国食芋历史可谓久矣。《管子》中就有记载种芋的历史，《史记·项羽本纪》中也有"士卒食芋菽"的文字。芋的品种很多，而槟榔芋品质最上。闽南特产槟榔芋，尤其是长泰石铭槟榔芋，既松且香，更是芋中之上品。

　　石铭槟榔芋，产于海拔一千多米的良岗山下之长泰县岩溪镇石铭村，因地为名。受良冈山清泉滋润、泥土厚培，得天时地利之精华的石铭槟榔芋当然与众不同，表皮呈紫红色，肉质细嫩，松酥可口，芳香气浓，风味独特，营养丰富，百食不厌。在数百年前，石铭村民就开始种植槟榔芋，而槟榔芋也不负众望，早早就扬名四方了，明代时就作为贡品，呈于天子金盘玉碗中。上个世纪80年代，石铭槟榔芋加工成芋片、芋

泥，参加福建省农产品展销会，冠盖群雄，荣获省优产品。

　　石铭槟榔芋，可炸、煮、蒸、炒，作粮作菜皆宜。因其质松善于吸取较多同烹鲜液，因而比其他食品作辅料来得鲜美可口。以槟榔芋做煲，炖猪蹄等物，味道香浓，口感香甜，风味极佳，特别是六月新芋登场，正逢鸭肥季节，此菜便成为夏秋季时节的尝新佳肴，是道色、香、味、形俱佳的宴上名菜。而更值得称道的是，石铭槟榔芋不仅上得大雅之堂，还下得寻常人家，用它制作芋包、芋枣、芋泥等小吃更是为大众所欢迎，闽南人家里也常自做芋枣、芋泥解膳。芋枣的制作简便，先把芋头蒸熟并捣烂成泥，尔后加入少量面粉或薯粉和适量的白糖，把绿豆泥、花生酥、冬瓜糖、芝麻糖等当馅包起，油炸

品味龙津风情

135

后即成。芋泥的做法也不复杂，将芋头蒸熟捣成泥，放置碗中，然后根据荤、素、甜咸的不同要求加入料馅，佐以橘皮、桂花等香料，再用葱油调拌，放在蒸笼蒸熟。蒸熟的芋泥外表虽不冒烟，但吃起来却十分烫嘴，另有一番特色。芋泥可甜可咸。甜芋泥，甜而不腻，油而不肥，既滑且糯，又香又热，色香味俱全；咸芋泥包荤料或素料馅均可，别有风味。

石铭槟榔芋既是优质蔬菜，为制作饮食点心、佳肴的上乘原料，而且又是补气养肾、健脾开胃、滋补身体的营养佳品，具有药用价值。据测定，石铭槟榔芋富含有淀粉、蛋白质等多种成分，及钙、磷、铁等元素以及维生素B_1、B_2等，可用来主治瘰疬、肿毒、牛皮癣及烫伤等症；芋秆也有敛汗消肿毒之功用，民间常用芋秆来治蜂蜇及蜘蛛咬伤，效果甚佳。

今天，石铭槟榔芋是长泰县一大特产。长泰人注册了"石铭"商标，实行集约经营，统一包装上市，并赶时髦上网吆喝叫卖，拓宽了销售渠道，成为宾馆酒家抢手的席上佳肴，远销到北京、上海、深圳等国内大中城市及马来西亚等东南亚国家。

义泉井

位于县城中山路与人民路交叉处。宋大观四年(1110年)开凿，井为圆形，直径2.5米，井栏0.6米，井口盖石板，留8眼汲水口。泉水清冽甘美，仍在使用。

◎ 绿色面食枋洋豆签 | ◎ 阿伟

　　浅灰色的汤面里，几片碧绿的丝瓜浮浮沉沉，数粒鲜红的虾仁若隐若现，些许粉嫩的肉片招人心动，点点青翠的芹菜末点染其间，腾腾热气散发着诱人的清香，望去赏心悦目，入鼻微酸生津，逗得人急不可耐地操勺著筷，大快朵颐一番。这令人垂涎欲滴的汤面就是枋洋豆签，长泰枋洋独有的传统美食。

　　枋洋豆签，又称豆挂面，源于农家自创，至今已有数百年的历史，是当地群众招待客人的一道不可或缺的特色食品。据豆签制作师傅介绍，豆签具有清凉可口、解暑祛热、营养丰富、四季皆宜等功效，主要取料于优质大豆、绿豆、黄豆等豆类作物，制作时需经晒干——粉碎去皮——掺以少量番薯粉搅拌——倒入适量的水发酵揉和——反复碾压成硬纸般的薄片——用刀切成扁状线条晾干等10多道工序。细碎繁琐的工艺操作，难以用机器完成，一个手艺娴熟的师傅一天最多也只能制作10多公斤豆签。因此，豆签常常是一上市就被抢购一空。

　　烹制豆签，地道的做法简单明了：豆签没有如其他食品那般拥有炒、蒸、闷、炖等十八般武艺，它就只有一种做法——作汤。先将水烧开，而后逐次放下豆签、虾米或蚝干、丝瓜及少量的沾了薯粉的肉碎，揭锅后再撒上些芹菜、姜丝等调味，如此就可以上桌了。尽管时至今日，豆签的烹法不断推陈出新，但这传统的做法还是最受食客所称道。

　　一招鲜，招待四方客，美食家纷纷倾倒在枋洋豆签的盆旁汤里，枋洋豆签也因此声名鹊起，美名远传厦门、漳州、泉州、福州等地，成为了不少都市宾馆、酒家的座上珍馐。

　　如果你到了长泰，千万别忘了，尝一碗香喷喷的绿色豆签。

坂里的龙柚和酒

◎ 沈世豪

麻豆文旦柚
[清]王凯泰

西风已起洞庭波,
麻豆庄中柚子多。
往岁文宗若南渡,
内园不应数平和。

文旦柚原产于长泰溪东社,品质优良,《辞源》及史籍多有记载。康熙年间,文旦柚传入台湾麻豆(属台南县)等地后,成为台湾的优良品种,享有声誉。文旦柚是长泰与台湾农业交流的一项史证。

柚子,雅称文旦。自从屈原把橘子誉为皇天嘉树,历代文人咏橘的诗文,可谓汗牛充栋,彪炳的文学史上,柚子被遗憾地冷落了。据说,一个演小旦的文姓小生,突然来了灵感,给柚子起了个这么动听的雅号,念起来,不由让人口齿含香,也算是一点补偿吧!

长泰是文旦柚的原产地。据《漳州府志》记载:"柚最佳者曰文旦,出长泰县,色白,味清香,风韵耐人,唯溪东种者为上。"历代向来把长泰的文旦作为贡品。一百多年前,长泰诸多的文旦品种,被引种到闽浙等地。最出名的是清同治五年,即1866年,浙江省玉环县龙岩乡山外村韩姬宗的妻子,酷爱长泰的文旦,从长泰带了三棵文旦柚的种苗到那里种植,经过一百多年的发展,已经成为浙江的名果"楚门文旦柚"。长江后浪推前浪,长泰坂里的柚子又称龙柚,由于是不断改良的品种,自然又成为了柚子中的佼佼者。

龙柚的成熟期比较早。在中秋节前后就上市了。它是攥着龙眼的脚步来的。昔日,讲究美食的广东人崇尚沙田柚子,一时风靡全国。素来争强好胜的闽南人,毫不示弱,开始,是轰然推出丰腴的平和柚子与之媲美。平和是著名作家兼学者林语堂先生的故乡,那里的文旦的确独领了好些年的风流。江山代有才人出,长江后浪推前浪,文旦族也是如此。一天早晨,馆溪的文旦突然气势汹汹地占领了市场。馆溪在哪里?如此张狂,许多人弄不大清楚,但向来喜新厌旧的草民,品了馆溪文旦,就很快忘了老主顾了。曾几何时,以出荔枝闻名的莆田,居然后来居上,弄出一种个子较小的文旦,不仅毫无自惭

形秽之意,而且大大方方地登台叫板,和馆溪文旦打起了擂台。出手不凡哟!木兰溪畔文人辈出的莆田,古怪的方言不知气煞了多少听众,但新出的文旦,却是香甜如蜜,奇迹般地倾倒了爱挑剔的食客。还有哪些新贵急于问世吗?不知道。自从独领风骚五百年的农耕时代,被只领风骚三五天的商业时代所代替,文旦如诗文,就很难一家久当霸主了。

坂里的龙柚,很像性格淳朴平和的坂里人,似乎介于这场风烟滚滚的商业战争之外。她静静地伫立在这片山清水秀的地方,悠然地守望着飘逝的岁月。龙柚的个头不大,但色泽鲜美,肉特别嫩,多汁,甜美中带着似有似无的一丝丝酸味,让人恰到好处地品味到人生深处难以言传的神秘。

橘子的可人模样,不由让人想起古诗中的吴姬。李白唱曰:"吴姬压酒唤客尝。"用今天的话来说,就是有美丽的小姐陪酒。不过,和今天灯红酒绿世界中的三陪小姐,是完全不同的两种境界。前者为清,后者为浊。而龙柚,更像古代戏剧中风流倜傥的小生,也就是书生。橘树婆娑有加,如风摆柳,姿容不俗。而龙柚树挺拔伟岸,满头青丝,真是如堂堂七尺男儿也!尤其是秋天,无边落木萧萧下,而龙柚树却是浩气如虹,纹丝不动,以深沉的碧绿,写尽春华秋实的厚重,怎能不让人为之击掌赞叹呢!橘子的味道酸甜,品一瓣,口舌生津;龙柚的滋味,清、香、甜、嫩,才是真正的佳品。我最喜欢的是龙柚那股特殊的香味,那是一种难以言传的气质和感觉,如诗味袅袅,是古朴农家屋瓦上不凋的炊烟,是从山涧奔泻而出的清亮亮的泉水。在山泉水清,龙柚之神韵,盖源于此。

坂里几乎可以和龙柚齐名的还有红酒。虽然,它不像饮誉世界的茅台

品味龙津风情

139

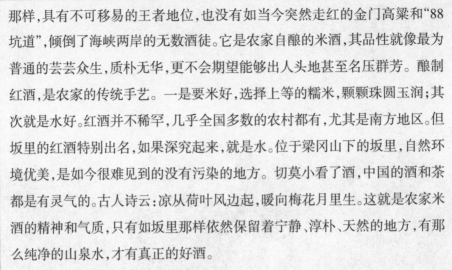

那样，具有不可移易的王者地位，也没有如当今突然走红的金门高粱和"88坑道"，倾倒了海峡两岸的无数酒徒。它是农家自酿的米酒，其品性就像最为普通的芸芸众生，质朴无华，更不会期望能够出人头地甚至名压群芳。酿制红酒，是农家的传统手艺。一是要米好，选择上等的糯米，颗颗珠圆玉润；其次就是水好。红酒并不稀罕，几乎全国多数的农村都有，尤其是南方地区。但坂里的红酒特别出名，如果深究起来，就是水。位于梁冈山下的坂里，自然环境优美，是如今很难见到的没有污染的地方。切莫小看了酒，中国的酒和茶都是有灵气的。古人诗云：凉从荷叶风边起，暖向梅花月里生。这就是农家米酒的精神和气质，只有如坂里那样依然保留着宁静、淳朴、天然的地方，有那么纯净的山泉水，才有真正的好酒。

坂里的红酒养人。因为，它不是烈酒，没有任何的添加剂，那是真正从糯米中升华而出的精灵。乡间的妇女生孩子，常用这样的米酒煮蛋、炖鸡。不得不佩服坂里红酒的奇效，用这样的红酒烹调出来的食品，不仅味道特别鲜嫩、香甜，而且尤其富有营养。当母亲的妇女，健康、红润，而孩子也特别活泼可爱。因此，凡是有人坐月子的人家，都要备上一缸美美的红酒。

红酒最常用的，当然是待客。朴实的坂里人，招待客人的菜肴，不是昂贵的海鲜，而是自产的蔬菜和纯粹是天然的河里的鱼，还有自家养的鸡、鸭等。现在的城里人，虽然有点钱，但已经无缘品尝到这些纯天然的佳肴了。用化学饲料催长的猪、鸡、鱼、鸭，几乎败坏了所有城里人的胃口，能够有幸到坂里品味一次人生真正的美食，实在是让人难忘的美事。红酒是不可少的，稍微温一温，酒的味道更好、更淳。喝一口，酒香如飘如散，顷刻，就觉得全身暖融融的，连指尖也感受到了暖意。不冲头，有些微的醺意。酒不醉人人自醉，那就达到了一个最理想的境界了。

寻找故事传说

　　长泰建县于公元955年，素有"闽南宝地"之称。一个历史悠远的地方，肯定有许多神奇的故事传说。置县已千年的长泰，自然也不例外。上一个世纪末，长泰就编辑出版了包括民间传说在内的"三套集成"。内容丰富多彩，是了解长泰人文历史的好材料。本节中的故事传说，许多就是从这些文字中遴选出来的。这些故事传说，寄托了长泰百姓期盼风调雨顺，过上和谐富足生活的美好愿望；展示了这块土地的主人注重教化，勤勉努力，爱国爱乡的中华美德；表现了龙津儿女淳朴善良、爱憎分明、肝胆忠义、不畏强权、自强不息的可贵精神。

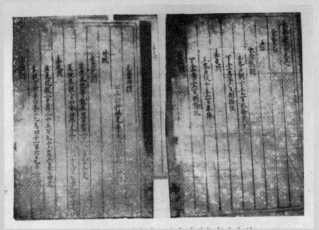

嘉靖《长泰县志》　　　　　　　　　　　　　　长隆谢氏族谱

王爷不敢进长泰
◎ 瑞 文

王爷是瘟疫之神。据说，其性格急躁凶悍，任何神、人都畏之三分，不敢轻易冒犯他，王爷也就横行四方。民间称他是见山吃山，到海吃海。因此，在闽南沿海一带，大家都虔诚祀奉王爷之神，每年农历七月，还有送王爷盛会的习惯。送王爷这一天，要糊制巨大纸船，将丰盛的祭品如猪、羊、柴米、炭、油、盐、酱、糕饼、水果以及日常用品等置于船中，还要在王爷庙前连台演戏，然后把纸船放入水中，让它顺风飘流而去，叫做"送王"。可长泰却少见这样的风俗，为什么呢？

古代的长泰是个山区小县，但气候温和，物产丰富。王爷对长泰的富足早有耳闻，非常羡慕，产生了谋占之心。一天，长泰境内众神闻报王爷要来侵犯，便集聚一起商讨护卫乡土的对策。

据探子报，王爷三日之内必来侵犯。众神一边告示长泰民众，备足三天干粮，不得动炊，一边推派法主公镇守入泰要道朝天岭，待王爷临境时，好言劝阻，尽量避免干戈之灾。

这天，法主公散发披肩，衣衫褴褛，面容憔悴，在朝天岭上静坐以待。五更过后，王爷果然率兵来到朝天岭前，气势汹汹。他一声号令，手下神兵疾步向岭顶而来。见有一老者垂头沉默挡在路上，神兵便向王爷回报。王爷怒气冲天，上前喝道：何人胆敢挡道？法主公装出饥饿乏力的样子应道："我欲来长泰饱食一顿而不能得，浑身无力，都走不动了。"说完唉声叹气不止。王爷见状急忙问："传闻长泰宝地，人杰地灵，五谷丰登，六畜兴旺，怎说难以觅食？"法主公答曰："那是虚传，其实是山高地狭，民困物乏。我已在境内逗留一番，目睹处处停烟熄火，一片惨状。"突然，"唉呀"一声，法主公倒在地上，佯装昏厥过去了。王爷见状，心灰意冷，但仍存疑惑，便派神将往县城一带打探。

不久，探子回报，城里户户断炊，家家无食。王爷细思良久，等到日落西山，真不见岭下四村五里升炊点火，只好偃旗退兵回头了。

数月过去了，王爷又得到密报，长泰确是闽南宝地，素有"一年丰收，三

寻找故事传说

漳泉分地
佚名

漳泉两州,分地太平。
永安龙溪,山高气清。
千年不惑,万古作程。

据传,唐开元年间(713—741年),漳州、泉州疆界不清,互讼于抚台,抚台不能断。于是州官焚告山川,以求神应。俄顷雷雨大作,崖壁裂开,化为一径,两州便以此径作为疆界。据查,时长泰县境域属泉州南安县永安里,分界之处在长泰境城,后属长泰县石铭里。《录异记》、《太平广记》、《原化记》都有关于此事的记载。

"年无忧"的盛誉,上一次是上当受骗了。于是,王爷侵犯的念头又生,决定再次出兵。

长泰众神得报,再商应对策略。决定以梁冈、董凤、吴田、天成、天治等五大名山山神各自率领神兵神将,由法主公统领指挥,大张旗鼓地迎战王爷。

一日清晨,王爷大兵压境。法主公即令梁岗、董凤、吴田诸王率兵将埋伏在朝天岭下角尾田里村的山沟中,伺机发起攻击,包抄王爷兵的后路;而天成、天治二王埋伏在山上,居高临下发起冲锋,形成上下合围之势。法主公布署就绪,便让部队偃旗息鼓,等待王爷兵马进入圈套。

中午时分,王爷亲率数千兵将,企图一举抢占天成山顶峰。刹那间,埋伏在山沟里的三王分别率兵发起了进攻。炮声震天,杀声一片。天成、天治二军闻听山下炮响,也立即挥旗率兵从山上直冲下来。王爷发觉全军已陷入了包围之中,而且诸路兵马又是那样骁勇无比,是战是退,心中不禁犹豫起来。突然,他看见一队兵马迎面顺山坡冲来,而且军旗上的"王治天"三字闪闪入目。原来,天治王军中的旗手,忙乱中将大旗挂反了,把"天治王"的旗号变成了"王治天"。但王爷不知就里,更加胆战心惊,心想:这支兵马如此了得,连"天"都敢"治",我如何能战胜啊?立即令三军突围撤退。

法主公指挥部队乘胜追击,王爷军阵脚溃乱,人马死伤大半。王爷似惊弓之鸟,率领残余兵将,杀开一条血路,狼狈而逃,从此再也不敢侵犯长泰了。

于是,长泰也就没有了祀奉"王爷"的规矩。

朱熹点破蜈蚣穴

◎ 芳 亮

朱熹（1130—1200年），字元晦、仲晦，号晦庵。祖籍婺源，生于尤溪。宋绍兴十八年（1148年）登进士，授泉州同安县主簿，淳熙十六年（1189年），改知漳州。任职期间，朱熹改革弊政，倡导教育，端正风俗，尤其是朱学得到广泛传播。他曾多次到长泰县视察或讲学，长泰文风大盛。后代读书人也常以"紫阳过化"赞誉。

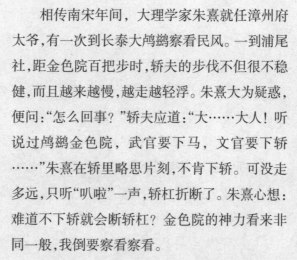

涉涧水作
[宋]朱熹

幽谷溅溅小水通，
细穿危石认行踪。
回头自爱晴岚好，
却立滩头数乱峰。

相传南宋年间，大理学家朱熹就任漳州府太爷，有一次到长泰大鸬鹚察看民风。一到浦尾社，距金色院百把步时，轿夫的步伐不但很不稳健，而且越来越慢，越走越轻浮。朱熹大为疑惑，便问："怎么回事？"轿夫应道："大……大人！听说过鸬鹚金色院，武官要下马，文官要下轿……"朱熹在轿里略思片刻，不肯下轿。可没走多远，只听"叭啦"一声，轿杠折断了。朱熹心想：难道不下轿就会断轿杠？金色院的神力看来非同一般，我倒要察看察看。

朱熹随即下轿，向金色院方向端详：金色院的地理位置像一只蜈蚣，寺院正好建在蜈蚣嘴巴上，在它的身后，有一条略高的垄形良田，全是种麦子，麦子随风摇摆，真像一只活蜈蚣啊。

朱熹看完地形，正巧遇见一位老人路过，他问老人："这里土地又肥又好，为何不种上稻子啊？"老人答道："土地虽肥沃，可是常年缺水，哪能种水稻？"朱熹说："这好办，从上头溪仔造陂，开一条水圳，即可把水引下来，还怕缺水？"他随即下令组织民众开渠引水，并且具体指点，把水渠挖在"蜈蚣"脊背上。水渠挖成后，流了三天三夜的浑水，这就是蜈蚣的血水。

从此，活蜈蚣变成死蜈蚣了。这条水渠人们把它叫做"官陂圳"。事过境迁，现在的圳路（渠道）虽然不是原先的圳路了，但它的叫法一直沿袭至今。

官陂圳开成后，金色院周围田地都种上了水稻，庵庙的地也越来越低下，房间也越来越潮湿，尼姑住不下去了，只好远走他乡。年深日久，现在的金色院，已变成一片良田了。

孤差桥传说 ◎ 笑之

从长泰坂里往漳州的山路上,有一座铁丁岭,岭上有一座跨涧的宋代石桥,石桥至今保存完好,它不仅有一个奇特的名字——"孤差桥",还流传着一个有趣的传说呢!

说有一个小货郎,到坂里卖杂货,走到铁丁岭时,气喘吁吁,来到孤差桥边时,更是累得透不过气来了,就一屁股坐在石桥上歇息。恰巧,旁边有一群农民在桥边树阴下休息,正你一言我一语地搭话:

"听说桥边山坳里有前朝的一名大官员埋下三堀白银呢!"

"上辈人传下的故事,要是真有银子的话,那我们去挖出来,这辈子就不愁吃穿了!"

"就凭你啊,你行吗?你没听说那是那名大官员要将其留给后代有学问的人,只有他们才挖得到!"

"听说要是有人能念出桥边那几行弯弯曲曲的仙字,这三堀白银就会闪闪发光,等着那念字的人来挖它哩。"

"不要做白日梦了,歇这么久了,快点下田干活吧。"

……

说者无意听者有心。小货郎欣喜若狂。他想,农民的话可能是真的,凭我小时候在私塾里读过几年书,钻研过一些篆字,读破这两行仙字还是有些把握的。如果读出这二行仙字,三石堀的白银到手,那可就不要再当货郎了。他连忙走到桥上看字,一看傻了眼,只见这两行弯弯曲曲的蝌蚪一般的古字并非篆字。虽然看不懂,可小货郎不甘错失这个千载难逢的好机会,便在桥边细细研究起来。

一转眼天黑了,小货郎索性待在桥头歇雨亭内过夜。小货郎一夜没合眼,拼命地猜想,终于猜想出了半行字,他连忙朝着石桥大声喊读。说来也怪,那仙字上闪闪浮动出三四点银色亮光。小货郎兴奋极了,他想,还有三分之二的仙字还没想出来呢。于是,又开始在脑子里胡拼乱凑。过了一天,他连拼带凑地又想了三分之一,立即再到桥上大喊。只见桥边石缝里"嗖嗖嗖"地响起来,亮晃晃的白银浮出石面,就在眼前了! 小货郎高兴得手舞足蹈,说:"三堀白银又得了一堀。"他搜肠刮肚绞尽脑汁,只恨读书时不多认些古字。又想了一天,小货郎还有一个字想不出来,眼看天就要亮了,远远地看见农民影影绰绰走来,要下田干活了。小货郎心里焦急万分,怕被农民看到了,自己不能独吞银子了。心想,干脆就喊吧,差一个字就差一个字,少得一些白银也没关系。于是,他急忙奔到石桥上喊叫起来。果然,眼前出现了一只浑身银色的大银兔。大银兔在小货郎面前一晃,"蹦"地一下跳进桥边的石头堆里。小货郎迫不急待地追了过去,扑到大银兔闪身不见的石头上,结果碰出了一头血。定睛一看,哪里有什么大银兔,分明是一堆乱石。但小货郎还不死心,到桥边的农田里找了一把锄头,奔到乱石上拼命地挖起来。

日上三竿了,农民们看到小货郎还在桥边挖石头,便笑着问小货郎:"找着了三堀白银了吗?"小货郎伤心地哭着说:"孤差(闽南话'只差'的意思)一个字啊,白银就变成大银兔钻进石堆里不见了!"

农民们笑得前俯后仰,把这件事作为茶余饭后的谈资。后来,为教育后代不能像小货郎一样抱着不劳而获的思想,这座石桥被称为"孤差桥",它的原名倒被人忘记了呢!

孤差桥桥墩

铭姜成贡品　◎生庆源水

相传五代后晋年间，长泰林墩有个人叫林毕干，在朝当官，忠实伴君，受封"金紫光禄大夫"。

林毕干每当天下雨时就思念老母，心中闷闷不乐。皇上问他有何心事，他启奏说："臣在朝伴君多年，过着幸福富贵的日子，但家中老母已70高龄，住草舍，每逢下雨，茅屋漏水，受寒冷之苦。"皇上说："难得林爱卿一片孝心，朕准你回家探望一下老母亲。"又说："人生七十古来稀，你老母能得高寿，不知平时爱吃什么东西？你回家将此食物带来给朕品尝品尝。"林毕干拜谢圣恩，就回家探亲来了。

母子相逢格外高兴。林毕干记住皇上的盼咐，便问母亲平时膳食都是些什么。母亲说："咱家贫苦，有亲戚住在良冈山下石铭村，他来看我时，都带着一些生姜给我，我把姜用盐腌在瓮里，三餐拿一块扯成小片当菜下饭。"林毕干看见妻子站在一旁，就问，母亲近来身体如何？妻子说："婆婆近几年来身体健康。"林毕干心中明白：母亲原患有胃病，长期吃咸姜治好了。就急着从瓮里取出一小块咸姜，放在嘴里嚼着，觉得又咸又辣，张开嘴巴不断地吹气。林母见状，一时发笑地说："憨孩子！你在朝廷吃惯了山珍海味，哪能吃得下这苦涩的东西？"林毕干如实向母亲道出了皇帝的要求。

难题出来了，这难以入口的东西怎么能送给皇上吃？还是老母亲办法多，她说："你小时在家，不是爱吃'芋仔甜'吗？为娘就把咸姜煮成甜姜罢。"于是，林母从瓮里的腌姜块选出淡黄色的上等料子，切成食指大的小方块，放在钵里用清水浸泡，每天换一次清水，一连泡了十二天，捞起来放在锅里

与红糖一起煮。煮到甜水成膏状，才铲出锅来晾干，然后用糖粉搅拌，使其干燥，就成了一种点心。为了防止回京途中回潮，林母用家中做粽子的干竹叶当铺垫，外加粗纸包成三大包，贴上大红纸，让儿子带上京进贡皇上。

　　林毕干带着糖姜回朝，皇上正患着风寒感冒，口苦厌食。见到林毕干进奉的"长寿食品"，立即尝试一粒，觉得甜辣可口，渗入脾胃，不由一口茶水一粒姜，吃了大半包。一时浑身发汗，头脑清醒，腹中饥饿。进食之后龙体居然康复了。皇帝马上又召林毕干进宫询问："爱卿所进贡是何食品？"林毕干心想，这是家乡石铭里的生姜所制成的，就回皇上说："臣所进贡皇上的是'铭姜'。""铭姜如此灵验效应，爱卿每年放假回乡，必带来供朕佐茶。"皇帝高兴地下旨了。

　　从此，铭姜成了贡品。世代相传，如法炮制，声名远扬。长泰铭姜现已远销到了南洋群岛和欧洲。今天，如果你有机会到长泰，还可以买到制成圆片薄型，用白糖煨煮的"铭姜"——不过，现在人已把它称为"明姜"，大概指的是明朝贡品的意思吧。

管知县巧旋钦差大臣

◎ 安泰

值七夕同赋(首唱)
[明]管橘

峰头雨过动微凉,
两腋风生兴自狂。
井聚五星占太史,
槎乘七夕说牛郎。
诸君载酒情偏渥,
客子登高赋未长。
一自翩翩留咏后,
何人不道是词场?

管橘,字彦怀,
号五陵,江南路南
陵(今属安徽)人。
明万历二十七年
(1599 年)由进士
授长泰县令。

明代万历三十年(1602年),长泰出现罕见的大旱,自春至秋赤地千里,粮食失收。次年夏季又遭特大水灾,洪水泛滥,庄稼淹没,房屋倒塌,灾民啼饥号寒,流离失所。知县管橘急报朝廷,请求拨款赈灾,可是迟迟不得答复。管知县心急如焚,不得不采取应急措施,将库存的赋税银五千两全部取出赈灾。同时别出心裁地以创建"路修朝天(天成山朝天岭路段),桥造十里(十里村石板桥),院盖宝珠(雪美村宝珠院),亭建五里(珠板村五里亭)"等工程为由,呈文要求朝廷报销费银五千两。此事在朝中引起轰动。万历皇帝也感到惊奇,认为一个边陲小县居然能进行这样宏伟的建设,且花费不多,一时龙颜大悦,当下批准报销,并派林御史亲往视察。管知县获知了这一信息,连忙召集谋士们议定了对策后,分头负责行事。

林御史入境那一天,管知县亲自率领文武官员出境恭候,在朝天岭下临时行辕里大摆宴席为钦差大臣洗尘。席间,管知县以"辟邪驱瘴"的理由向林御史热情敬酒。林御史信以为真,果然纵情欢饮起来。散席后,林御史视察了朝天路,只见大路蜿蜒,宽阔坦荡,石阶千层,上接云端,林御史昏头昏脑,连夸名副其实,还嘱咐说:"到了十里桥时务必告诉我一声,让我看看大桥的风貌。"言毕,上轿。

林御史因多饮了几杯酒,醺然欲睡,坐在舒适的轿里不多时便呼呼进

报慈院

位于陶唐洋(今雪美村)后山东麓,始建于唐永泰元年(765 年),明、清及民国时期多次重修。报慈院占地面积 5000 平方米,建筑面积 200 多平方米。前殿设有 3 个大门,中门旁石鼓硕大,为明清制品。后殿有 4 根粗大石柱,为唐宋制品。现存有 3 座僧人古墓,其中一座是用石块雕成,顶部为半圆球体,柱面刻有一尊僧人像。

入梦乡了。直至队伍进入县城才被夹道欢迎的鞭炮声震醒,梦幻中连声叹呼:"路修得宽,桥造得长,好,好!""路修朝天和桥造十里",就在林御史的赞叹声中被肯定下来了。

次日,林御史要视察宝珠院。管知县说:"你首次莅临敝县,黎民百姓深感荣幸。为了表示对大人的敬意和欢迎,近日,赶修了名胜古迹八景,我已令师爷把八景的情况写成文字,敬请大人审阅指正,再令他带领大人到各处名胜观赏。至于视察宝珠院,是否等待该院佛祖诞辰之日,与万民一同前往朝拜,岂不更能体现大人与民同乐?"御史一听,句句合情,字字动听,就满口答应下来,连日沉浸在山水酒宴之中,忙得不亦乐乎。

几天以后,大队人马簇拥着林御史去视察宝珠院。这一天正是宝珠院佛祖诞辰日,人们从四面八方赶来朝拜,一路上熙熙攘攘,好不热闹。中午时分,队伍进入夫坊村稍为休息。时恰巧起大风,下大雨,馆舍门外挤满了人,林御史便与几个老年乡民聊起天来。林问:"乡亲们都是干啥来的?"几个曾由管橘密授机宜的香客齐声答:"到宝珠院拜佛祖。"又问:"真的是宝珠院吗?"答:"当然是真的宝珠院。"又问:"此院华丽吗?"答:"里里外外金碧辉煌,珠光宝气,再华丽不过了,宝珠院佛祖可灵了,传说她是五里亭佛祖的女儿,明天我们还要到五里亭进香去。"林御史无意中又听说了五里亭,好奇地又再追问:"长泰县真的建了个五里亭吗?"答:"那还有假,当然是真的五里亭!"经过此番问答,林御史对"院盖宝珠,亭建五里"这两码事已经心中有数,不再持怀疑态度了。

大雨持续到下半晌,此时一个随行官员进来禀告说:"从这里到宝珠院尽是田间小道,雨后路面泥泞,八抬大轿难以通行,是否暂回县城,明天改乘小轿再来?"林御史在这里呆了大半天,又听说要改换小轿才能通过,随即发话:"就回县城去吧,从乡亲们口中我已了解了,明天不必再来,五里亭也不必去了。"

林御史觉得使命已经完成,准备回京复旨,管知县又心生一计,禀告林御史说:"长泰的龙津溪风景秀丽,两岸山清水秀,鸟语花香,大人不可错此机会。卑职已备好官船,意欲请大人改从水路回京,未知大人意下如何?"林御史满意地说:"如此甚好。"于是,由管知县和文武官员护送,出了三岔河口,彼此珍重话别。一场心惊胆战的风险就这样平安无事地混了过去。

管橘知县这个既为长泰人民尽心解除了灾年的苦难,又巧妙地应付了朝廷命官视察的故事,至今在民间传颂着。

谷雨日同毕中翰席中次韵
[明]管橘

小阁傍层峦,
名贤聚首欢。
山光逢晚媚,
海色入窗寒。
浪饮心偏醒,
狂歌兴不阑。
却疑修禊会,
赋就骊珠看。

管橘一到任,便革除县署陋规,整顿胥吏,严肃法纪,倡导简朴节约之风,杜绝奢侈铺张现象。他热心公益事业,倡修文庙、朱祠、学官,振兴教育;修纂县志,以资教化;疏浚陂渠,减免麻税,发展农业;还倡修五里亭善世岩、重修天柱山观海楼。并在县城罗侯山、水晶山种植树木,保护水土等。管橘颇具文学才华,曾与一些文人、朋友游天柱山,吟诗唱和,留下不少佳作。

寻找故事传说

护城抗倭记　◎ 泰安

　　明嘉靖三十八年(1559年)春,日本海盗纠集福建沿海游民万余人攻陷泉州,大肆奸淫掳掠,生灵涂炭,百姓苦不堪言。当时,长泰人林文才因与珠浦林周夫争娶民女王淑娟之事结怨, 就纠合宗亲数人逃往泉州投靠倭寇,引倭寇进攻长泰,企图借倭寇之手除掉林周夫以报争妻之恨。寇酋龟田正一大喜过望,决定率师南下,并派林文才回长泰潜伏作内应。

　　长泰县令萧廷宣得知倭寇谋攻长泰的消息,立即召集全县士绅及各乡里老连夜开会商讨守城抗敌大计。秀才王守惇、张鸿甫、陈廷诰,薛希宗诸人提出守城十二策,其中有疏浚城河;多备鸟铳、铝弹,大药、弓箭,并向漳州府借铳手60人协助守垛;征调抗倭劲旅"高安军"一千人协助守城;城墙架设战棚以便窥瞻;城外壮丁及粮食、牲畜全都转移入城,实行坚壁清野;多备巨石、滚木及守备人员,巡逻严查奸细等,萧县令一一采纳并付之实施。

　　嘉靖三十八年四月初七日,倭寇一万余人,气焰嚣张,逼至离县城二里许,分扎东西两大营待命出击。

　　初八日黎明,倭寇倾巢出动,摇旗呐喊,鼓噪薄城,城中屋瓦皆震。倭寇首攻西南城,爬上城外民屋发射鸟铳,守城军民中弹死者十余人。萧县令立即赶到现场指导收殓,对死者家属从优抚恤,并下令悬金给赏,卢颖、林悟、王守惇、王廷萃等率先捐献,士气大振。

　　守城壮士发二矢,连毙二倭寇。倭寇大怒,进攻更加凶急,自黎明至中午累攻不休。用云梯登城,壮士林君和挥刀砍杀十余人。倭寇改用十数人共顶一扇门板缘梯而登,守兵挥刀砍断一个企图登城倭寇的一只右臂,城上矢石如雨,并推下巨石击折云梯,倭寇纷纷颠坠,死伤不计其数,一时河水尽赤。

　　在双方激烈搏斗,炮火连天的紧张时刻,潜伏城内的林文才同伙乘机捣乱,四处张贴告示,散布谣言,散发匪符,声言城破时持此符可保平安,企图瓦解人心。萧知县立即下令搜捕,当场抓获奸细二名,即时斩首,投首级

嘉靖三十八年(1559年)四月,倭寇万余人围攻长泰县城。知县萧廷宣率全城军民奋勇抗击,坚守三昼夜,倭寇伤亡惨重,溃败逃遁。《长泰县志》第14页

于城下。讹言顿息，倭寇闻之气馁。

四月初九日深夜三更时分，守军侦知各营倭寇都在饮酒作乐，酩酊大醉，壮士们马上组织敢死队坠城而下，焚烧西南边的民房，使倭寇无法居高发射火器。同时冲到囚禁妇女的南津庵，杀掉守门卫卒，解救被掳妇女五百余人。壮士林周夫为保护妇女安全脱险，只身一人手执大刀守在门前掩护，奋力拼杀。倭寇死伤不下二三十人，但终因寡不敌众，林周夫壮烈牺牲。

四月初十日，倭寇把南郊蔗园甘蔗砍尽，堆叠在"南熏"门前，用以探城中动静，并架起大铜贡（土炮）向城里发射。一时间城内硝烟弥漫，火光四起，居民惊慌混乱。萧知县立即派勇士数人，携带火种硝药出城，片刻工夫，烈焰冲天，就把蔗堆连同大铜贡一并烧毁了。

倭寇攻南郊失败后，马上又组织兵力，变换新招，为鼓舞士气，誓死一搏，寇酋十余人皆全身素服，披麻带孝，率大队人马用云梯猛攻西城。城上守军撒下大量石灰，倭寇被石灰刺伤嘴、鼻、双眼，顿时昏头转向，哭爹叫娘，纷纷坠下云梯，抱头鼠窜。守军铳、箭齐发，倭寇伤亡惨重。

一个时辰后，倭寇卷土重来，再次架起云梯向西城猛攻。这一次，城上守军早已备好了烧溶的铁汁，待倭寇接近垛口时即以铁汁洒泼，中者肌肉糜烂，倒栽坠城，城下又积尸累累。不多时，倭寇又架起桥急攻城西北隅，守军自城上推下巨石，石坠桥毁，贼又伤亡数十人，不得不狼狈退兵。

计自四月初八至初十，倭寇攻城数十次皆以失败告终，损兵折将，伤亡将近千人，不得不放弃长泰这座钢铁坚城，撤兵逃走。长泰人民护城抗倭战争取得了辉煌胜利，在历史上写下了光辉的一页。

修城记邑令功
［清］杨日焕

岩邑夸天险，巍城壮一方。
昔年惊累卵，今日庆金汤。
花树千门翠，弦歌万户长。
从兹驯野雉，保障奏淳良。

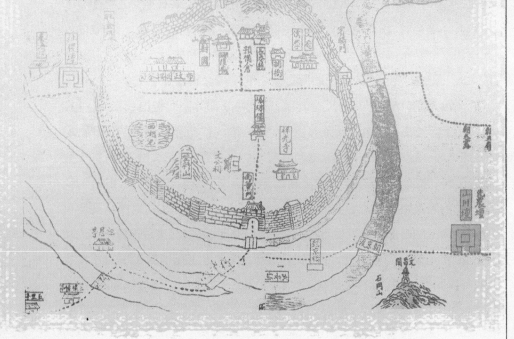

◎ 郑成功长泰筹饷 ◎ 宝 龙

顺治九年（1652）一月十四日，郑成功率部万余人，扎营在石冈山，围攻长泰县城，击毙知县傅永吉，47天后撤驻海澄。《长泰县志》第16页

这个故事要先从长泰先贤明朝的杨莹钟布政说起。杨莹钟出外求取功名时，家里妻子怀孕，生了个女孩，"月内"没啥可吃。一个亲戚可怜她，但自己又无力资助，只好到溪东村菜园里偷了两大捆菜头（萝卜），不料又被溪东守菜园的老人发现了。老人问道："你为何偷我菜头，而且为啥一采就是两大捆？"这位亲戚说："唉！只因莹钟外出，家中贫困，他妻子'月内'没啥吃，我想起你做人很好，才来偷一些给她。"这位老人听了着急地说："啊，'月内'人怎么能吃菜头？你等一下。"随后赶回家中，备了糯米、红糖、龙眼干和鸡，亲自挑到后庵，送给杨莹钟的妻子做"月内"。

过了很多年，杨莹钟当了明朝布政使。因为得罪了魏忠贤同党，杨莹钟被排挤回家，传说带回了十三船数的银子。杨妻念念不忘溪东那位老人的恩情，就把当年"月内"受过溪东老人之恩的事说了。还说，女儿也长大了，想把女儿嫁给溪东人家以报答恩情。杨布政虽然觉得这样有点门户不对，但又想到溪东对自己家确实有恩，只好答应了。但提出一点要求，谁要娶他女儿，迎亲时一定要"头不见天，脚不着地"才行。后来果真把女儿许配给了溪东人。娶亲时，溪东这个女婿上用帆布遮盖，下用白布铺路，把布政的女儿迎到家中。布政疼爱女儿，便把十三船数的银子作陪嫁，又盖了一座"五落大厝"，把银子装入"砖仔柜墙"里，余下的便叫女婿埋到了三个石窟中。

顺治九年（1652年），为反清复明，郑成功率部万余人包围长泰，驻扎在石冈山上。他在石冈山上瞭望时发现，溪东有一座"五落大厝"银光闪耀，心想：这里面一定有宝藏。于是，就与部将刘国轩商量，要把大厝拆掉，探个究竟。这事一传出来，溪东老人马上找到郑成功说："咱们姓郑的是亲戚，为何要拆我们的大厝？"郑成功听说是亲戚，马上叫人调查，才知道溪东庵庙供有泗洲佛祖的神像。历来相传：凡是姓郑的庵庙，都供有这种神像。郑成功口气温和地说："既是如此，我将实情说了，我是为了反清筹集军饷才要拆的，待我找到宝藏，照原样盖好还你们，如何？"老人说："既然如此，我也告

诉你,这里藏有白银总共是十三船数,你有福气才能得到。"郑成功派兵将大厝拆了,也找到了一些银子,但远远不够所谓的十三船数。郑成功只好带兵围住天成山,查问在山上隐居的杨布政。

杨布政见郑成功兵围天成,心想:"我与郑成功无冤无仇,为何起兵来围?"派人请郑成功面谈。郑成功立马天成寨前,杨布政问道:"郑王爷,你反清,我支持,但不知我哪里得罪了你,今日派兵围我?"郑成功说:"我并无恶意,只因现在急需军饷,特来求助。路过溪东,听说你女儿大厝内的银子是你带回来的,查后并没有十三船数目,不知你存在何处,望能慷慨献出。"杨布政说:"银子既送给我女儿,就属我女儿和女婿的了。你没有全部找到,其余的可能埋在地下,请你亲自去问罢。"郑成功听完,谢过杨布政,立刻收兵回到溪东。布政的女婿见老丈人都把实情说了,只好把藏银的三个石窟点一一指出。

郑成功派兵去掘,果然发现了白银。但是,银子还没有起出来,就变成三匹英俊的白马飞跑了。郑成功知道此银自己不该得,只好作罢。

后来,溪东人把拆掉的大厝,重新建了三落,至今尚存。

朱一贵用人 ◎ 瑞 仁

朱一贵,长泰县亭下人,兄朱勒,弟朱万,从小家贫没有读过书。但他处事灵活,既明事理,又有远大志向。为了谋生,康熙五十二年(1713年),他从家乡跑到厦门,又渡海到台湾。到台湾后,他当过台厦道兵丁。由于生性侠气好义,爱抱不平,很快,他结识了一些江湖义士和英雄豪杰。后来,这些江湖义士豪杰们,便拥他为反清复明大元帅,震惊清廷,轰动全国。

不识字的朱一贵能够率领大规模的农民起义,很重要的一点,是他善于结识人、任用人。

用黄殿,取其灵

有一回,朱一贵和一位朋友喝酒,那位朋友向他讲了黄殿的故事:黄殿给人家当仆人,主人叫他去买油,他总是要贪主人一个钱。主人叫他去买三个钱的油,他就买两个钱贪一个钱。主人叫他去买两个钱的油,他就买一个钱的,贪一个钱。主人察觉了,只叫他去买一个钱的油,他还是把那个钱贪去了。他怎么贪那个钱呢? 他到店里,把油瓶伸过去给店主说,"买两个钱的油。"店主装了油给他,他接过手,摇摇油瓶,手摸摸口袋说:"哎呀! 我的钱丢了,没有钱,油倒还你吧!"说着,把油瓶往油缸里一倒,拿着瓶子走了。由于油沾油瓶,瓶里有油,而且正够一个钱的油。于是,主人不再怀疑他贪钱了。

听了这个故事,朱一贵哈哈大笑说:"聪明! 聪明! 马上把这位兄弟请来,让我认识他。"黄殿来了,三个人喝酒结义。朱一贵就凭黄殿这一点聪明,任用他。后来,黄殿他真成了朱一贵的好部下了。

用李勇,取其勇

康熙六十年(1721年),台湾知府王珍抓了六十多个谢神演戏的乡民,不久,又抓了两三百个违禁入山砍竹的乡民,引起了民众的愤怒。朱一贵挺身而出,起义反抗清廷,四方乡民闻风而动,都向往朱一贵。有一

1721年(清圣祖康熙六十年),朱一贵起义。朱一贵(小名祖),福建长泰人,明亡后迁居台湾罗汉门,养鸭为生。罗汉门进属台南。因台湾知府王珍贪污残暴,率众起义。在诸罗的赤山取得大胜,众至三十万,占领台湾全岛。朱一贵称"中兴王",年号"永和",宣布恢复汉族衣冠。不久,清政府从闽浙调兵渡海进攻,朱一贵被俘,在北京就义。

《中国史大事纪年》

天，来了七个人，要投奔朱一贵。朱一贵非常高兴，马上宰鸭置酒，宴请他们。到酒席将毕时，朱一贵脱身离席。一会儿，忽然外面喊杀连天，一队官兵围杀进来了。这七个人，三个跪下求官兵饶命；两个怒目站着；一个跑掉；只有一个抓起长板凳，与官兵斗杀起来。这时，朱一贵才突然跳出来喝住，宣布：对那三个跪下求饶者，好言说明道理，以客礼相待，送他们回去。对那两个怒目站着的，留下来备用。对那个抓起长板凳来与官兵斗杀的，任为部将。原来，这是朱一贵进行的考试，那些官兵是派人装扮的。那个被任命为部将的，就是朱一贵的名将李勇。

用吴孙，取其活

朱一贵还在道台衙门当役时，有一天，见吴孙的继父正拉着吴孙去见官，告儿子的不孝罪。当时，父母亲告儿子的不孝罪，重者要囚禁，轻者也要教训二十大板，吴孙被他继父拉着去见官，眼看就要受罪了。

怎么办？吴孙走到半路上想不去，而他继父硬要拉他去。吴孙告诉继父说："我肚子痛，忍到这里忍不住，把屎拉在裤子里了，怎么去见父母官呢？若是你一定要儿去，也得让我换一条裤子。"他继父一听也是，可在半路上，哪有裤子换呢？吴孙想想，告诉继父说："爹，你穿长衫，可以不穿裤子，就把你那条裤子脱给我穿吧！你穿长衫，反正看不见。这样，我们就可以进公堂见官了。"吴孙的继父一听有理，就把他的裤子脱下来给儿子穿上，一起走进公堂。

在公堂上，父亲告儿子不孝。县老爷惊堂木一拍，骂声"可恶"！正要给吴孙二十大板教训。没想到吴孙马上叫说："县老爷！我父亲是一个疯子，他乱说，望老爷恕小民无罪。"

"是疯子？何以见得？"老爷问。

"他没有穿裤子，不信请老爷验看。"

县老爷喊左右，"翻开长衫看看"！左右翻起吴孙继父的长衫，果然是光屁股。

"疯子，给他二十大板后推出去。"吴孙继父挨了二十大板，被推出公堂外……

朱一贵就从吴孙父子诉讼中，认识了吴孙，任用了吴孙。后来，吴孙成了朱一贵有智谋的部将。

朱一贵用人，还有取其义、取其孝、取其仁、取其直的例子……他不拘一格选人才，终于所向披靡，在台湾建立了农民起义政权。

附

朱一贵起义檄文

在昔胡元猾夏，窃号神州，秽德彰闻，毒遍四海。我太祖高皇帝提剑而起，群士景从，以恢复区宇，日月重光，传之万夕。逆闯不道，弄兵潢池，震动京师，帝、后殉国。地坼天崩，椎心泣血。东南忠义，再造邦基，秣马厉兵，方谋讨贼。何图建虏，乘隙而入，藉言仗义，肆其穷凶。窃据我都邑，奴圉我人民，颠覆我邦家，珍灭我制度。长蛇封豕，搏噬无遗。遂使神明胄子，降为舆台；锦绣江山，沦于左□。乌呼痛哉！延平郡王精忠大义，应运而生，开府思明，经略闽粤。旌旗所指，喋血关河，使彼建虏，疲于奔命。则有熊黑之士，不二心之臣，戮力同仇，效命宗国。南京之役，大勋未集，移师东下，用启台湾。率我先民，以造新邑，遥奉正朔，永戴本朝。蓄锐养精，俟时而动。虽张坚之王扶余、田横之居海岛，史策所载，犹未若斯之烈也。天未厌祸，大星遽殒，兴王之气，猝尔销沉。然东都片壤，犹足以抗衡海上焉。嗣王冲幼，辅政非人，大厦将倾，一木难柱。以故权奸窃柄，偷事宴安，叛将称戈，甘为罪首。沧海横流，载胥及溺，茫茫九州，无复我子孙托足之所矣。哀哉！夫盛衰者时也，强弱者势也，成败者人也，兴亡者天也。古人有言，炎炎之火，可焚昆冈。是以夏后一成，能复故国，楚人三户，足以亡秦；况以中国之大，人民之众，忠臣义士之眷怀本朝，而谓不足以诛建虏者乎？不佞世受国恩，痛心异族。窜逃荒谷，莫敢自遑。茹苦停辛，垂四十载。今天启其衷，人思其旧，揆时度势，否极泰来。爰举义旗，为天下倡。群贤霞蔚，多士云兴；一鼓功成，克有全土。此则列圣在天之灵实式以凭，而中兴之运可操左券也。夫台湾虽小，固延平郡王肇造之土也。绝长补短，犹方千里。重以山河之固、风涛之险、物产之饶、甲兵之足，进则可以克敌，退则可以自存。博我皇道，宏我汉京，此其时矣。唯是新邦初建，庶事待兴，引企英豪，同襄治理。然后奖帅三军，横渡大海，会师北伐，饮马长城；捣彼虏庭，歼其丑类，使胡元之辙，复见于今，斯为快尔。所望江东者艾、河溯健儿，岭表孤忠，中原旧曲，各整义师，以匡诸夏。则齐桓攘夷之业，晋文勤王之劳，赫赫宗盟，于今为烈。其或甘心事敌，以抗颜行、斧钺之诛，罪在不赦。夫非常之原，黎民所惧，救国之志，人有同心。敢布区区，咸知大义。二三君子，尚克图之。

"将军第"与它的主人 ◎ 涛 宜

汤河清

汤河清之子汤龙飞

长泰坂里乡新春村,有一座"将军第",建于清代光绪六年(1880年)。它占地面积6300平方米,三十二间房,九厅十天井,其中配套石柱石屏,均雕得玲珑剔透。室内摆设大理石床、石桌和檀香木雕等;四周是:左莲池、右花圃,后面的旷地用鹅卵石砌龟背形。整套建筑古色古香,实属罕见。坂里历来没有出过武将,为何有这"将军第"?

原来,"将军第"的主人叫汤河清,生于清同治年间,上有两个哥哥、下有两个弟弟,他排行第三。在这穷乡僻壤的地方,清政府也是田赋丁粮苛征重压。父母要养活一家七口,就得起早摸黑,拼死拼活地种几亩薄田,才能过着"端得了这一餐,过不了下一顿"的生活。苦命父母终于咬住牙根,把十四岁的河清送给族人,带往荷属的孟加锡埠逃生。从此,河清就过着背乡离井,骨肉离散的漂泊生活。

河清为人勤劳朴实,族亲们帮他在市面上摆个烟丝小摊度日。他心机灵巧,在烟摊上耍弄手艺和把式,无形中招徕了一群观众,因此,小烟摊的生意也随着兴旺起来。

小烟摊的地点正摆在一家经营海产品的大商行门前,大商行的营业也随着小烟摊的兴旺而做得红火。但商行老板怕门前拥挤,阻碍了顾客的来往,就婉言请河清另移他处。

汤河清的烟摊搬走了,商行的门前也冷落了下来,商行生意也萧条了许多。商行老板暗想:莫非这小子是个福星、财星……于是,派人到他住处,请他再度在商店门前摆摊设点。

大商行前又出现了河清的烟丝杂货摊,商行生意果真又春风得意、茂盛兴隆起来了。老板心中有了打算,知道汤河清是个"福星高照"的人物,况且他为人勤恳厚实,有经纪人的才干,便主动邀河清入股合伙。汤河清

寻找故事传说

一如既往，任劳任怨，很快又把这经营海产的商行，变成了遍布孟加锡埠的海鲜连锁市场。老板为了永久留住这颗"福星"，把河清招赘为女婿。汤河清成了商行老板的女婿，更好地施展出经商的才能。他在新加坡、泗水等地不断开拓贸易，创建顺源公司，从此誉满海内外。

贫苦出身的汤河清，生活上从不任意挥霍，可是在慈善事业上，他一掷千金也毫无吝色。每年春节，他从海外汇款周济家乡的孤寡鳏夫族人，捐资给乡里建造从良冈山通往岩溪的石径，通向华安县沙建浦仔脚小道和建路边凉亭等。对他的善德，大家有口皆碑。

后来，他自置"顺风号"轮船，往返于厦门至孟加锡之间，贫困者均免费搭运。同时，在锡埠建了一座汤氏宗祠——崇本堂。堂中设客房、食堂提供族人、乡人食宿，而且安排就业。乡人有句赞颂他的顺口溜说："吃的吃顺源公；睡的睡崇本堂。"

至光绪年间，列强侵华，国家处于水深火热之中。这时候，汤河清已掌握了锡埠的经济命脉，并当上当地的"甲必丹"（行政长官），在印尼闻名遐迩。他立即掀起"救灾赈民"运动，得到各地华侨的热烈响应。捐募了十三条大船的粮食及其他物资运回祖国，受到了清政府的嘉奖，赏戴花翎副将衔头，敕建将军府一座，御赐李鸿章亲笔的"将军第"石匾一块。

"将军第"完工谢土之日，汤河清远涉重洋，返回乡里主持祭拜，受到了乡亲们的热情款待。"将军第"至今仍完好无损。

蒋介石长泰逃难记 ◎ 祺 文

1918年10月1日，长泰爆发了由马洋溪后港村农民徐寿山发起的武装暴动。从四乡五里聚集而来的成千上万农民，高举刀枪棍棒攻入县城，赶走县长张世英，烧毁县府里的田赋粮册和设施。官绅如同丧家之犬，纷纷向漳州和邻县逃遁。

民国7年9月26日蒋介石任援闽粤军第二支队大队长，率粤军第二支队驻扎长泰罗侯山。

《长泰县志》第20页

当时的粤军总司令陈炯明急派其部属营长黄定忠率军进泰镇压，并接任长泰县长之职。暴动队伍被迫撤出县城，潜伏到高山密林的边远山区。

当时驻扎长泰的陈炯明部队中，有粤军邱耀西一部和归降陈炯明的浙军吕公望等两路人马。粤军一个大队原驻于石埕（今县文博馆），后因两军摩擦不和，移驻到罗山文明书院中，大队长就是蒋介石。浙军一个大队驻于巷仔口东隅小学（今财政局），两军驻地相距仅百余米。

开始，两支队伍还能相安共处，后因军纪涣散，军官们只顾自己吃喝玩乐，士兵们到处抢掠嫖赌，闹得县城四周日夜不得安宁。

有一次，两军官兵在打狗争夺分赃时，竟当街殴打开来。这样的摩擦三天两头时有发生。一次赌博时，粤军一个排长因连输数局，连"袋表"都输掉了。浙军士兵见这个排长囊空如洗，不愿再赌下去，而这个排长却依仗粤军人多势众，肆意把浙军士兵捆绑起来，强令再赌。浙军士兵不肯就范，这位排长急红了眼，掏出手枪把那个士兵当场打死了。

浙江兵惊恐万状，急回大队部报讯。浙军值班的连长因平日看不惯粤军的骄横跋扈，又听说自己同乡无辜被杀，顿时火冒三丈，率百余名武装士兵，一口气冲上罗山，紧紧围住了文明书院，大喊："誓为死难同乡报仇！"并

寻找故事传说

向院里鸣枪示威。那时,文明书院里虽说住着近百名粤军,但大部分外出酗酒或寻花问柳去了,剩下几个睡意正酣。大队长蒋介石也因喝酒过量,正打着沉重的鼾声进入梦乡。

听见院外喊声一片,枪声大作,蒋介石惊得酒醒失色,一时不明事理。待到卫兵禀报详

罗侯山后山土路

情后,他知道难躲这一次流血惨剧了,急匆匆地下令紧闭院门,自卫还击。在双方火拼的当儿,蒋介石披衣下床,从院后门溜上罗山,再绕道下山躲进后庵的一户民居家逃命去了。

原来,这户人家是一位早年从江西流浪到长泰的谢老大娘。这位谢娘因懂得普通话,平日又常为蒋介石缝洗衣服,与他早成了熟人。谢娘这时正在缝补蒋介石的衣裤,突然听到罗侯山上传来阵阵喊杀声,心里又疑又怕。正当她放下衣裤想往外探个究竟时,从门外窜进一位个子高大的军人。她还未看清这个人的面目,蒋介石抢先自报家门并连声向谢娘求助。谢娘见蒋介石这般狼狈,又听见追兵喊杀声逼近,急中生智,拉起蒋介石的手冲进内室,指着墙边那口大缸暗示蒋介石快躲藏起来。待蒋介石躲进缸里,谢娘又搬来一副大蒸笼加盖在缸上,以掩人耳目。

不久,浙军连长搜查书院找不到蒋介石,就把院里十几个粤军捆绑起来,然后领着几十个士兵挨家逐户搜查。等他窜进谢娘家,谢娘若无其事地迎了上去,不仅用普通话对连长连连问好,还热情地递上烟茶。连长经不住热情款待,火气稍微降了下来,让士兵们在屋里草草看了看,便率众往别处去了。

当晚,蒋介石只身潜逃漳州。临行前,他为了感谢谢娘救命之恩,恳切地认谢娘为义母,并取出一枚铜钱,掰为两半,一半给谢娘保存,一半自己留着。

据说,蒋介石当了国民政府总统后,曾派一位官员前来认亲。可惜,这位谢娘已与世长辞了。

文明书院

在县城罗侯山顶南侧,创办于清光绪二年 (1876年),光绪三十年(1904年)改为长泰高等小学。民国8年,蒋介石曾率兵驻扎于此。民国25年,福建省主席陈仪题写"武德是扬"匾额,悬挂文明书院厅堂。现已毁。

重读花县诗文

今天，如果在长泰的罗侯山或登科山或一个高楼建筑上远眺长泰县城，就会发现，我们置身在一个大公园里。待到春日时节，一处处五颜六色的鲜花绽放的时候，你会感受到，长泰县实际上是一座美丽的大花园。而"花县春风"正是长泰古八景之一。人文的积淀，美丽的景色，都让历代文人墨客妙笔生花，留下了许多关于长泰的诗文。当我们重读这些诗文，由衷赞叹古人的勤劳和智慧的时候，也为我们认识的肤浅和文字的粗糙而羞愧。同时我们也明白，阅读古人留给我们的文字，是我们发现历史文化的一条捷径。

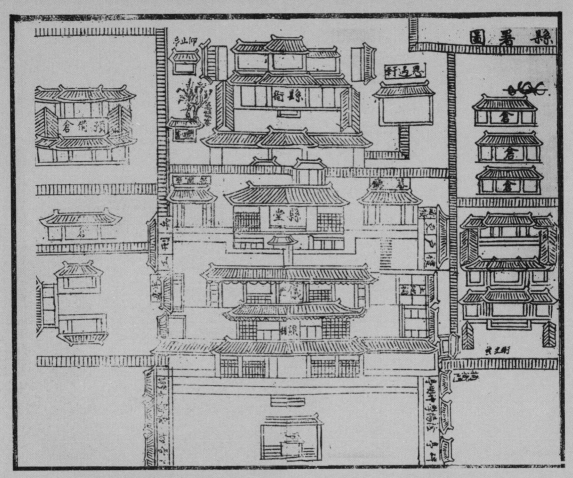

县署

    在县城罗侯山南麓,即今县人民政府所在地。县署始建于置县之时,宋淳熙年间进行两次重修与扩建。

    嘉定四年(1211年)、绍定五年(1232年)、淳熙八年(1248年)又经3次重修与扩建。元至正年间被毁,至正十七年(1357年)重建。明洪武二年(1369年)重修。尔后又多次扩建,县衙颇具规模。前为仪门,建有谯楼。中为正堂,东侧为幕厅,厅前为承发科及吏、户、礼三房;西侧为架阁,阁前为勘合科及兵、刑、工三房。明成化年间于大堂后建县衙,为知县厩。仪门东为典史厩,西为牢房。在历代修建中,建筑物各有兴废、变更。主要建筑有旌善亭、申明亭、亲贤馆、戒石亭、敬修堂、亲民堂、吏厩、土地祠、思过轩、碑亭、省牲所和预备仓等。清代曾多次修建、扩建、改建,建筑格局大致不变。

    县衙范围较大,空隙地曾种有桃、李和榕树,环境优美,被列为"武安八景"之一,称"花县春风"。

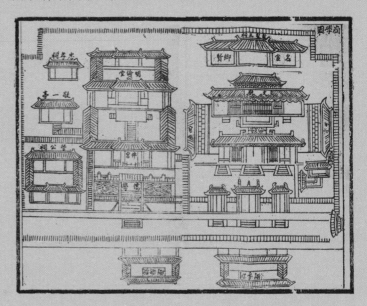

164

花县春风

位于县城罗侯山南麓、县署一带。当时县署筑有仪门、谯楼、县堂、琴室、亭榭等,辟有花圃园林,广植桃李树木,环境清静优雅。时至春天,桃李争艳,树木蓊郁,掩映着楼阁亭台,景色尤为绚丽。现在,这里是长泰县人民政府的所在地,建筑宏伟壮观,环境整洁优美,仍存有一些古迹、古树。古今融会,别具风韵。

花县春风
[明]萧廷宣

风入山城春气和,
花荫长似春风茂。

花县春风
[明]叶先登

水晶红紫并登科,
须信棠荫不啻过。

种花人千载,县尚以花名。
岁岁春风度,人游君子城。

芹池秋月

位于县署与文庙(圣人殿)之间,魁星楼前芹池,又称泮池,池上筑有石桥,池南是县城通衢,建有精巧的木华表。池东、池北还有崇文楼、大成楼、明伦堂等富丽堂皇的建筑。芹池是当时长泰县学府的胜处之一,在明月朗照时,于泮桥或楼阁上观景,尤令人赏心悦目,明月沉浸水中,左顾右盼桥边水中,各有一轮明月,别具情趣。现在,这里已改观,而古建筑遗址依稀可寻。

芹池秋月
[明]萧廷宣

月向高秋四表均,独从芹阁展水轮,
蟾宫丹桂天香满,吊落黉门照王人。

芹池秋月
[明]叶先登

秋光悬碧汉,影落泮官池。
濯魄冰壶里,文心其在兹。

天柱云岩

　　位于县境东南的天柱山慈云岩、天柱岩一带,山上的许多景观汇集于此。这里树木葱茏,诡石错列,洞府幽深,房阁典雅,云海掩映,风景奇特秀丽。岩寺的香火鼎盛,香客络绎不绝。从宋代起,一些文人名宦相与题咏唱和,在石崖岩壁还留下了题刻,至今尚存。现在,这里仍有大量的自然景观和人文景观,可供游人揽胜探幽。天柱山已被列为国家级森林公园,将成为颇具特色的旅游度假区。

天柱云岩
[明]萧廷宣

峥嵘四壁柱擎天,柱此知非小构然,
岩岫连云悬石室,几家参透洞中玄?

天柱云岩
[明]叶先登

一柱凌霄起,千岩列刹幽。
望归犹有石,观海已无楼。

凤山丹灶

　　位于县境西北的董凤山。董凤山，又名董奉山，由传闻董奉真人曾驻足该山炼丹施道而得名。宋《舆地纪胜》、明《长泰县志》等史籍均有记载。董凤山山势雄峻，峰峦连绵，远望形如笔架，又似凤凰展翅。山上林木茂密，峡谷云岚弥漫，曾有棋盘、丹灶、琴室等胜迹，兼有许多神奇美妙的传说，有"人间仙境"的美誉。现山上的岩石、泉潭、林木、云雾等自然景观大都尚存，是游客登临探奇的胜处。

凤山丹灶
[明]萧廷宣

凤来山势依云翔，仙子名留丹灶香，
不信秉铅成往迹，德辉犹足动南漳。

凤山丹灶
[明]叶先登

仙翁何许代，名以山长存。
高奕盘无着，真丹灶不焚。

双髻晴云

　　位于县境东南的双髻山。双髻山与天柱山毗连,峰峦高耸,峰顶为南北对峙的两峰,南称晞发,北称天成。山间时有云雾缭绕,峰顶隐现于轻云薄雾间,远望如仕女发髻,因之得名。双髻山景色秀丽,自然景观颇有特色,还有瑞烟岩、布政使杨莹钟居处和盘曲险陡的古道。现山上仍有不少岩石、洞室景观和历史文化遗址。

双髻晴云
[明]萧廷宣

葆光奇峰玉髻堆,双童相峙自徘徊,
海空云雾凭舒卷,插破青苍列两台。

双髻晴云
[明]叶先登

晞发呈双髻,微云抹翠鬟。
非因巫山雨,似对敬亭山。

三江古渡

　　位于县境中部的三江溪。三江溪因有3条河流交汇而得名。三江渡设于河流交汇处,这里水量大、径流深,便于船只航行和停泊,是古代长泰较著名的渡口、港湾。三江渡的环境优美,溪中水流湍急,岸上植有杨柳、绿竹,荡舟其间,别有情趣。现由于地理环境的变迁,三江溪改道,古渡口的景观已改变,仅留遗址。

<table>
<tr><td>

三江古渡

[明]萧廷宣

三江合派赴东流,南牧西樵渡未休,
忆昔济川舟在否,龙津经济已千秋。
</td><td>

三江古渡

[明]叶先登

曾无桃叶唤,恰与竹溪邻。
一任春潮急,劳人罕问津。
</td></tr>
</table>

科山钟动

位于县城南部的登科山。登科山又名竞秀山、来青山,南麓绕有城墙、濠沟。宋代时,这里建有仙人殿、儒学。明代时,又兴建泰亨书院、朱子祠、状元祠、梅亭、敬一轩等,一些邑绅也相继在此建馆舍而定居。当时,山上有石洞曲径、奇花名木;山下有荷塘拱桥,楼阁亭榭;仙人殿的香火延续不衰,雄浑的钟声增添了县城的活力。后由于县城人口增多,这里逐渐成为居民区,一些古建筑相继倾毁。但留有石牌坊等文物及古遗址。

科山钟动

[明]萧廷宣

科山高阁晓鸣钟,此日钟声杳不通,
古殿神仙何处是,独遗形胜翼罗峰。

科山钟动

[明]叶先登

山今名第一,寺毁钟不鸣。
群寐谁呼觉,喔咿唱晓声。

锦水帆归

  又称锦水航归,位于县城西南。锦水,指锦溪,东联县城濠沟,经金鲤社,汇入龙津溪。当年的锦溪,河宽水深,是一段便捷的出县水运航道,商船穿梭往来。锦溪沿岸种有木棉树,盛花时满树红装。白帆、绿树、红花与夕照、波光相映成趣,犹如一幅色彩斑澜的风景画轴,美不胜收,富有诗意。由于地理环境的变迁,现锦溪已改观,仅留部分河道遗迹。

锦 水 帆 归
[明]萧廷宣

锦溪晚照满晴沙,舟子牵帆争赴家,
明日转蓬踪未定,溪烟无处不生涯。

锦 水 帆 归
[明]叶先登

昔闻百艘集,锦缆挂风帆。
今见川流浅,渔舟箬里咸。

◎ 天柱山记 ◎ [宋] 曾 循

长泰县天柱山，为临漳第一胜处，有天灯云旗之祥，石屏石柱之秀。高峰锁云，四面斗绝，下临尘寰，一日千里。特以深入岩崖，不接阛阓，登陟良劳，人迹罕见，必降舆策杖，披榛扪萝，而后造其上。景幽地僻，故名闻漳郡，而未于天下。

我宋崇宁三年，道人杨虔诚，由古溪吴峰登天柱，喜地之僻，不与世争；乐山之高，不与俗混。方芟茅棘，架

山峰而将老焉，此开迹之始，而经营之大略也。庆元戊午邦人侍郎傅公伯诚，来莅漳郡，闻兹山名，访问事迹。予考始末，喟然叹曰："由崇宁距今绍定，盖已百三十年矣。而未有笔其事者，岂岩之名，不待文而显？而时无好事者，视之若无耶？抑山灵之显晦，待时而后发耶？"夫岘山以叔子，兰亭以右军，黄徼峰顶以太白，灵峰宝陀以坡老，才经杖履，遂成胜境。世之清泉白石，不遇名贤品题，埋没于空山者众矣。

今，天柱得傅公父子维持之巨力，虽二公不及寓目，以写其登临景概之妙，然已足传远矣，又奚以记为哉？抑尝谓山之最，高且大，如天台、雁荡、衡霍、卢阜，天下之所共知者，因屡经大贤君子所游历，而庸人俗子或得而汙之，山间草木想亦厌之矣。是岩也，僻处岩陬，不求人知，清泉白石，维彼藩篱，伟千仞之峭拔，耿介丘之逶迤。求名者不登，争利者不驰，达人可以大观，而隐者盘旋于兹也。

重读花县诗文

长泰县儒学记　　[宋]赵与垣

古者庠于党，序于遂，县有学，仿古制也。曩长泰有学，初创于登科山之旁，以地窄迫，不足为士子藏修之所，遂移于祥光寺之东偏。自绍兴杨公棫登第之后，未有续遗响者。士子病之，欲迁焉而未果。

岁在绍定癸巳，邑有寓公李万言调萍乡尉，叶惟寅调番禺丞，未及瓜，与阴阳家者相方面势，得县治之左臂，乃县治之主山，良岗钟其秀，崒然崭然，若蛟龙之跃渊，祥凤之飞舞，是殆天有以献其巧者。闻之，邑宰清源陈公纯仁，俞其请，白之于郡，朝谒夕报，遂与邑士友，相与并力协赞，命匠鸠工，拓台肇址，塞陂而夷，撤蔽而通，绳迁而直，乃斫乃陶，乃垩乃艧，大成有殿，讲席有堂，入室有庐，肄业有斋，中以戟门，翼以两庑，疱湢垣墉，靡不具体。肇修瑚簋，绘事从祀，百尔文物，彪烈一新。释菜而衿佩裶如，弦诵而声音琅如。属役于是年之季春，考成于明年之季冬。

长泰县儒学（县学），设立于北宋初年，初创于县城登科山，宋绍兴三年（1133年）迁祥光寺东则，宋绍定六年（1233年）又迁至县城罗侯山麓县署东侧，并建了学宫。中为大成殿，东南为尊道堂，东西为博文、果行、思忠、履信四斋，设经籍、凿泮池、架石桥，颇具规模。历经数代，学宫又多次改建扩建，虽构筑兴废，而规制趋于完善。今已改观。

作者赵与垣，宋淳祐八年（1248年）任长泰县知县，因新建儒学未作记，士人便邀赵与垣写了本文，记载新建儒学简况。本文为地方史籍中最早记载长泰儒学情况的文章。

儒学诗
[元]徐观

长泰之学，林宰所兴。
是图是究，夙夜靡宁。
有美罗侯，克赞其成。
辅之翼之，乃经乃营。
栋梁榱桷，既坚且贞。
翚飞翼跂，左城右平。
仰瞻圣道，昭如日星。
跰跰士子，陟陟庙庭。
听我弦歌，弃我戎兵。
一变圣道，以游高明。
孝父忠君，先哲是程。
于以诵之，千载令名。

徐观为漳州府知事。长泰重修儒学，写此诗赞之。

陈公适以秩满归三山，郑公师申来试邑，又于戟门外凿之以池，中垒石为梁，以其池水旧传古有"龙浚出泉"之语，邑人争取汲之。岁秋，殿庭之中，尝生两桂子，观者咸以为祥，曰：是必有盛事。验于一纪，果而淳祐甲辰，郡之捷南宫者三人，邑居其二，陈君梦立，巍占甲科，吴君遇聘联名擢第。积年天荒，一朝而破。由癸巳距甲辰一纪之言，信乎不诬。迨丁未春，邑之瀛山张君汉杰，以国学擢名鼎甲，琦欤盛哉！士之荣达，何其闶于昔，而独盛于今与？虽曰学校陶成之功，人物颖秀之美，亦不可谓非学宫改建，地灵人杰之验也。

予戊申视邑篆，笃修庠序之教。一日，前廊职事、贡士许兴龙等言于余曰："创建新学，今余一十五年矣。邑之士行将兴，令之长子至锐同游兰省，所望趾美嗣芳，科名踵相接也。而学之记犹缺，恐后人无以知建学之由。"属余为记。余曰："与垣学制此邑，簿书之暇，凡可以惠民者，无不留念，顾今邑学有此盛事，焉得没其实耶？虽然建学之制，新学之政，诸公已知及之矣。"如曰以此为言，记可也，不记亦可也，抑亦知其所以建学之指乎？盖文章特末技尔！科第亦假途尔！学在内而不外，古也；外而不内，非古也。

人是学者，若至阙里，若覿孔墙，属耳而闻金声玉振，潜心而得性与天道。退而思之，为颜为曾者何人？归而求之，为伋为轲者何人？必家焉而亲其亲，官焉而民其民，国焉而君其君。塞则淑诸身，亨则淑诸世。如吾漳之高东溪、颜定，肃声名节，概耿耿天地间。是则建学之意，亦余邑宰之所愿望也。

庶几，是学不为徒建，故泚笔而为之书。

重读花县诗文

西湖记 ◎ [宋]王太博

余曩客武安，始到紫薇，五峰环其左，层塔摽其右，登科峙其前，而西湖潴其中。明境一泓，天然胜境。得之一日，率尔八句，非惟纪实，亦以为乡人勉。

辛丑岁，余客武安，访旧游，馆紫薇宫时，陈君皋父，郑君辰仲，携杯问劳，倘徉觅胜。溪水缭绕，意其蹑云衢探月窟者，总总而未有应是者。酒酣耳热，私窃感慨，岂地灵如此，而人杰未兴耶？因留小诗以书于壁。

甲辰陈君梦亚魁兰省，迁对魏占甲科，而吴君遇聘，联名擢第。丁未，国学教谕张君汉杰、乡荐杨君炎午，继登虎榜。时至气应，人物当兴，而识者以为是诗实为之兆。戊申余来是邦，旧友相访，占出一诗。余安敢掠美，必有等而上之者，又当大书特书，不一书也。

西 湖
[宋]王南一

余昔客武安，今始到。紫薇五峰环其左，层塔标其右，登高峙其前，西湖潴其中。天然胜景，得之一目。率字八句，非惟纪实，以为邦人勉。

翠巘嵯峨插斗牛，仙家风景自清幽。
从来此县传佳谶，就筑西湖占上流。
层塔可梯升后进，五峰有路达前修。
邦人接踵登科去，我亦京华共宦游。

王南一，即王太博，晋江县人，宋绍定二年(1229年)登进士，淳祐八年(1248年)任漳州通判。西湖，位于长泰县城西部(今人民路圆池附近)，宋淳祐元年(1241年)开凿，为当时县城胜景之一。

原西湖现已变成街心圆池

文昌 长泰
《海峡二十七城市历史文化系列》

长泰虎渡桥记

◎ ［宋］杨炎午

虎渡桥，长泰县东之要津也。距县十五里而远，由是取道于龙江，程驿便非远也。

曩尝有桥在溪之东，地势高峻，湍涛奔突，旧址为之一仆，涉者病焉。邑宰陈公子木，于绍定戊子春，捐已资，勉众力，相度地宜，移高而卑，去险而夷，凿石筑

址于顺流之上，其长二十丈，其广有九尺。桥成，出而仕、入而宾、货而商者，悉道于是。扁石于桥之左右，名曰"虎渡"，盖立基于寅位故也。乃于东西，诛茅割草，架庵二区，赡缁流则囊金粒米，待行旅则夏饮冬汤。官从之迎送，士民之往来，乡闾之宴会，莫不于此休焉、息焉。

越乙未夏，多雨水，溪流暴涨，突其址其四，撤其梁者九，未逾一两载，风雨震凌，而庵之廊庑敝坏随之。行者有涉渊之苦，憩者无托宿之庐。悠悠十有五年，竟莫能出只手以续前功。淳祐己酉春二月，令赵公与垣出郊劝农，道迫兹庵，愀形于色，慨然有兴坏起废之盛心。亟待俸资，命僧董役，不旬月间而筑址如旧。邑人佥曰："今赵之功，不减于陈。"因回顾桥之西隅，相山势之穷，崇风气之会聚，卜宅一亩，为庵为亭。林木葱郁乎其后，岩石崒崒乎其前。规模壮观，景象殊丽。不十里远，而与朝天庵一脉相续。山川炳灵，人物自著，嗣必有应，虎渡通行之谶者出乎。

邑人诵公之功，嘱余为记，炎午不敢辞，于是乎书。

虎渡桥

又名石桥，位于武安镇十里村马洋溪，连通着长泰朝京晋省的朝天大路。桥建于宋绍定元年（1228年），为石梁桥，共七洞，长20丈，宽9尺。于宋淳祐九年（1249年）知县赵与垣倡议重修，并在桥头建亭，供行人歇息。

清光绪十四年（1888年），由同安县富绅杜文棍捐资再次重修，历时2年竣工，在桥头建了虎渡宫功德祠。现河床抬高，泥沙淹没了桥。

作者杨炎午，长泰人，宋淳祐七年（1247）登进士，本文写于淳祐九年虎渡桥重建竣工之时。

重读花县诗文

◎ 元新城记 ◎ [元]王天智

天下郡邑之有城池，所以诘奸御暴也。城池之兴废，关于国家之重轻。长泰为漳属邑，去郡三十余里，地形险阻，与泉之安溪、同安二县抵界。搜县志，是县初置武胜场，唐保大间，始改为县。归附后，县虽草创，城池未遑。曩因群寇侵疆，公署、民居毁于兵燹。

至正丁酉秋，陈侯忠翊视篆之初，进邑之父老而谓之曰："余承天子之命，来抚是邑。惟历职弗称是惧，尔等坟墓田庐咸在于邑，适当疮痍甫复之秋，欲与尔等筑城凿池，谋为长治久安之计，可乎？"众皆唯唯。遂闻于郡守罗侯，下其请，公自以为功。于是稽田赋，籍物产，度城基千三百余丈，分派有差，偕同官监邑五禄贴穆尔，承事金尹林干鲁不花，承事邑尉陈元泽，进义慕宾黄杰，泊添设官县尹林景贤，蔡淳，主簿黄子忠，协力效劳，以董其役。匠石仗能，工师骋巧。营门楼以耸观瞻，浚城壕以为保障。登科、泰安以包络其内，良岗、天柱以环拱其外。东设朝京，南绕津派。经始于是年之冬，其讫功则明年春也。

由是重关击柝，夜行有禁，暴乱弭焉。市廛冈哄，周庐按堵，民居奠焉。行旅歌于涂，商贾歌于市。俾百里干戈之地，转为太平无事之天。公之功至矣！盛矣！邑之士民感公之功，将勒坚珉垂不朽，且贻无穷之思，属余为之记。余惟城池乃郡邑之元气，亘千万世与郡邑相为始终。元气忒，则寒暑不时；城池废，则民心不安。为政者所当究心也。《易》曰："天险不可升也，地险山川邱陵也。"王公设险以守其国,城池之谓欤! 况长泰以蕞尔之邑,城无旧址,由创县以来,迄今数百余年,邑于斯者凡几,孰能兴是役者? 陈侯以在佐贰之职能,以固国安民为心,拳拳焉,急先务,不费官,不妨民。甫五月而功告成,非有弘修之才,高世之能,固不足以任斯责。是役也,上有贤太守以定其议,下有贤同列以赞其成。是以事虽难而功则易也,不容以不书。

侯讳文积,守崇善,福宁州人,由荫叙授永春簿,历四迁而膺前职。公勤廉,能始终一节;治政章章,不可枚举。其建邑谯楼、迎恩亭,百废俱兴,皆可书也。特举其重,以为将来劝。

嘉熙筑城
[宋]郑师申

戊戌筑城濠,
恩多怨亦多,
百年千载后,
恩在怨消磨。

郑师申,三山(福州)人,宋长泰县令。任职期间,主持重修县学棂星门、泮池、西湖池亭,立"桂庄田"救助贫苦百姓,多有建树。嘉熙二年(1238年)扩修长泰县城城垣,将土垣扩大增高,周长253丈,高1丈,并设武胜、顺成、登科、梁冈4个城门,又开凿城濠,此诗载其事。

武安镇积山村的龙仙宫前老樟树下立有一碑。其文:"乾隆三十年春蒙张道宪行县勘覆准留在荫,四十三年夏冯道宪据县详明准免砍在案,乾隆四十三年九月吉旦立。"碑文分6行竖写,字2寸见方,字迹清晰,意为保护樟树。该碑保存完好。

重读花县诗文

泰亨书院记

◎ ［明］黄文史

孝弟忠信，教民德也；礼义廉耻，砺民行也；诵诗读书，醒民心也；角磋石砻，成民材也。培之以小学，洒扫、应对、进退，达之以大学，格致、诚正、修齐、治平，仿古制也。吁！周道衰，尼圣往，民风蚩蚩，若虫若鱼。不有贤哲，孰发其蔽？

崇正书院

又名崇正堂，址于岩溪圩，创办于清光绪二十五年(1899 年)。民国 2 年(1913 年)改为岩溪小学，现属岩溪镇政府所在地。

督教章君蚩英，胄监入觳乡闱，以岁丁丑来莅泰痒，究心经籍，慨悟古道，以为己责。讲习湫隘，则易而宽之；门扁未立，创"崇文楼"以张之；淫祠左道，则谕民以理，而覆绝之。念夫人才弗作，童养弗端，乃至邑治东南，相土辟基，营书院二，以造蒙稚。始议之际，众咸难之，君独奋志决作。既请于郡守钱侯，侯毗而从之，尤虑不能传远，复上请于朝。乃揣高低计，徒庸虑材用，出己资以成之。暨兴工，邑之人士施田协力，从风赞采者凡百家。东院既成，取其南地之磽碅者，广厥堂宇，锄高为平，塞鳞为盈，求木于山，取甓于陶，为堂寝各一，凡十余间，延袤各有差。堂以序生徒，寝以祀群哲。推其教学所自，以文公朱先生为首，飨以东溪、北溪配食，庖飨有次，燕息仓庾有所。而缭以周垣，饰涂以灰，弗华而朴，以示永固。师资岁事，一出于田，版筑经费，不与于官。上高而望，诸山环屏；低徊而俯，一水萦带。识者奇之，以神灵所授，非人致也。

经始于建文二年十二月，至是完工。青青子衿，负簦鼓箧，抠衣趋隅，如云如川。富者好礼，贫者守义，劝婚重丧，恤贫援急，彝伦以叙，道义以明。吁嘘！三代而上，治隆俗美，庶人闾巷，莫不有学。孝弟忠信，礼义廉耻，固自足也。七国而下，功利角兴，居学宫者，苟为具文，无弦诵声。微朱夫子来守是邦，抑孰知书院之真可兴，教化之真可崇者与？君虑功侈，恐费于官。二学之建，一出于己，一劝于众。君虑民贫，莫能资于师，则集众议，置田人谷，以供尊享廪米。将传方来示弘远，其立心也公，其垂绩也异。

则由宋以来，兴书院、崇教化，踵紫阳之芳躅，非君而谁？君弗自绩，而功归之邑人。邑人弗有，请之佐令王公本，勒石以贻不刊。则章君之功在书院者，昭揭日月，将与漳之山水同峙流。文公之祠，师传之教，子弟之学，人士之英，地灵之美，绵之世世未涯也。田若干亩，镌之碑阴，志惠方来，后之人继而行之，亦世教之多幸也。

章君名参，字惟敏，温川平阳人，云崖处士第四子也。云崖苦学清修，隐德弗耀，有功名教，不敢没焉，乃并识之。

古书院断石柱

泰亨书院，位于长泰县城登科山东侧，于明建文二年（1400年）创建，堂供生徒读书，寝供祀朱文公等群哲。泰亨书院与龙津书院同时兴建，是长泰县早期的书院。明永乐年间龙津书院废止；泰亨书院历代曾多次维修、多次易名，至清朝末年废止，改朱文公祠。今已废，遗址仍存。

题紫极宫
[明]黄文史

紫极巍巍耸太清，
清风明月照蓬瀛。
天香每袭琼瑶，
仙洞时闻丝竹声。
百里春风花满县，
九霄云驭鹤还庭。
我来窗下观周易，
得睹辰光日月明。

紫极宫，在县城西郊，宋宝庆元年（1225年）漳州知州事危稹倡建，祀宋太祖赵匡胤，后废。

黄文史，长泰人，以文学著称。其应试文章《天下一家论》为明太祖朱元璋称异，御批黄文史为第一（五经解元），特准免试，并授任刑部主事。

重读花县诗文

儒学科贡题名记

◎ [明]林 震

朝廷开设学校,教育人材。凡由科贡而出,分布内外,皆能致治,效于当时,而无愧于其职焉。长泰邑虽小,而山川明秀,人材挺出,魁多士,登台省,入馆阁,为州县。学校济济有人,先是名氏月题于明伦堂之壁。

正统乙丑,邑令刘侯奎,丞谢侯贵,作新学宫而易以碑。且追考永乐以前诸先辈,合而刻之。虚其左以俟来者,盖期望劝勉之意寓焉。一日,造余请为之记,余谓二侯之意厚矣。为士而学于斯,求所以副其意,当如何而用其力矣。其必以吾之生也,虽后于前人,而钟灵毓秀,则同此山川也。启迪程督,则同此教育也。前人既能为科贡光辉矣,吾独不能,无乃自弃乎?于是奋志而为之。日亦不足,则夜以继之,将见学问,日就高明。发之言词,则为文章;施于政事,则为功业。其于朝廷建学立教,而科贡之所取者,为无负矣。

二侯之所期望劝勉,又岂不在兹耶?故记之,以观厥成;而嗣列者,重有光也。

明正统十年(1445年),长泰县重修学宫,在明伦堂立历代科贡题名碑,请状元林震作记,林震应邀写了本文。文章言简意赅,富有劝勉力学之情,亦为长泰新学宫增色添彩。今碑已废。

重建城隍庙记

◎ [明]卢岐嶷

凡郡邑之所置力于神者,以为民也。鬼神福善祸淫,与政教赏罚相为流通。若雨旸祈报,御大灾患,必籍于神。疾痛惨怛,则褰裳而号嘘之,以为人力莫能兴也。城隍

之神,实司察一方,有主之者,有命之者。环漳十邑,惟泰邑城隍神最灵。嘉靖己未倭寇万人攻城,望见城上旌旗帷盖,谓萧侯自将游兵,不敢逼,乃侯实微服杂守卒中,不可辨。侯捍御多策,神数假威灵,故强寇挠败,墨守益坚,德交归焉。若水旱灾祥,又各以类应矣。

厥初,庙祀在邑东偏,移西北。邓侯建之,刘侯、萧侯修之。岁久寝坏蠹甚,则费巨,虽修葺犹始建,故惮弗举。市井亡赖,朝夕为贾区,胥徒学究,据两庑及寝殿,黩弗钦。神皋民、民黩神,施报固如是乎!遂安方侯下车,展掺四顾,怃然曰:"非我也孰为兴此者?"以未及成,民故迟之。乃崇节约,划蠹敝,革羡余,遏豪梗,课文学,通水利,申乡约,联保甲,士安教,民安业。乃谋及神祠,倡以俸资,益以赎锾,士民欣然出资佐之,得百余缗。乃命民献若而人,计材虑佣。芃楣挠,去挠就坚;瓦甍缺,去缺就完;缥垩剥,去剥就新。帘以外,旧砌石为台,今建亭于上,以备风雨。两庑壁间,绘善恶果报状。外为疏栏,以肃瞻视,敖民不得溷焉。督者殚其思,役者殚其劳,经始于辛巳春正月壬午,越六月丙申而庙成。四方闻之,负剑来观,渠渠弈弈,喜舞眉端。是举也,以功则可久,经费则不浮,以举则度时,以情则从众,众嫩萃焉。

城隍庙,原在县治东侧,元至正九年(1349年)移至县治西侧(今所在地);明朝又经四次修建、扩建。本文记叙万历九年(1581年)修建之事。而后,城隍庙又有多次重修,迄今庙宇尚存,古风犹然可见。

重读花县诗文

183

客有问卢子曰："闻以道莅者，其鬼不神。昔太公为灌坛，令疾风暴雨不敢入，灌坛兹举也，特因人情循斯须尔。夫儋以寿宫而禋其享祀，神岂真能居处饮食哉？"卢子曰："夫幽之有鬼神，犹明有礼乐也。神故依人而行，邑有贤令，神必依之。令思庇民，则神亦思庇民。故年皆顺成，民无疵厉，神匪不神，不伤人尔。诗称：'恺悌君子，神所劳矣。'不以是哉？且夫乡曲之豪，溪恶稔祸，意所不可，瞋目磔髯纤微心报。虽九死不避，骤见神祠威灵，业报昭灼，则神骇色丧，若鬼神熟视震怒，悔不早更。讼者变言黑白，榜笞犹不服，执而诣神词，与神誓，阳浮欲往，闻钟鼓声，则蒲伏据地，咋舌无语。非精爽如在，能牖民迪教若此哉？则惮以寿宫，而禋其享祀，固务民义者所亟也，而又奚疑焉？"客恍然而悟。

父老适来徵记，乃述所以问对者，记之如左。

送觉吾张上舍归漳州

[明]卢岐嶷

宦海情怀淡，
乡间梦想长。
园青多橘穤，
海市半渔商。
门巷桄榔大，
怀盘苍叶香。
亲知如有问，
二顷胜为郎。

抄手砚

宋代文物。长15.3厘米，上底宽8.4～9.1厘米；下底宽7.6～8.2厘米，高2.2厘米，为黑灰色石质，表面细腻光滑。造型简朴，砚中间为上高下低的椭圆形砚池。砚池长径13.9厘米，短径7.2厘米。池中部微向上隆起，池边上有弦纹2道。砚池上高下低有利于研磨和贮墨。砚底的一宽边呈圆弧形凹进，使用时可用一手撑托，俗称抄手砚。此砚素面无纹饰，小巧玲珑，是砚中珍品。

长泰五里亭碑记

◎ [明]唐尧钦 ◎

泰西南五里许，两山横度，如有截焉。盖泰与龙画壤之界，而亦泰诸旁邑络绎于泰者，轮蹄负载必经之道也。

从其度而亭之，不知始何时，而亭名"却金"，则正德之季，赵君珮去泰始也。夫与其道之为泰与泰诸旁邑，所必经也。而泰旧令君，清风高节于是乎在，亭其可废乎哉？亭而南又五里许，西渡鳌岛，南渡鸿溪，林郁壤僻，而民居远，盗出没为薮穴，夺攘人于货，瞽不畏，泰辄罹害焉。泰不为盗，亭以外则为盗，盖非泰治，泰政令固不及也。夫以其非泰治，而为泰害也，亭又可废乎哉？独奈何官传舍而民秦越者众也，风雨摧剥，岁月侵寻，亭废者不知季矣。

宛陵管令君入泰，谒大府之漳道焉，问亭废。曰："却金。"曰："彼何人钦？居今世愿一见，可得欤？而遗节在，可湮没乎？塾计董董空亭构，何救盗害？必有以鸠民居者。登两山望焉，亭而前，辰星可瞻，高山可仰，吾以通驰恋仰止之思；亭而后，地可堂也，吾借大士设教焉；亭而下，列隧罗肆，吾以便日中也。"首捐俸三十金，士若民乐助，有差召二僧董其役，不两月落成。

管令君颜之堂，曰"善世法堂"；颜之门，曰"闽南福地"；颜之亭，以故"却金"。盖自是而道兹亭者，以燕以寝，以观以游，以迎以送，诉诉如也。而时雨澍与亭会，管令君之漳，还以雨会，士若民动色相庆曰：亭名宜"喜雨"，

五里亭，位于今长泰县西南部与龙文区郭坑镇接壤处，是古驿道边的路亭。五里亭创设时间待考，有明确文字记载的是永乐年间（1403年–1424年），曾由县城人蔡志倡修，由此算来，也有近六百年的历史了。五里亭，立有赞颂廉官德政的古代石碑，历代有多次维修，旁有善世岩。

本文写于明万历二十九年（1601年）知县管橘主持重修五里亭之后。

重读花县诗文

185

不妄钦曰言是。顾管令君,云:"彼其遗节,愿一见也。而尤为盗薮,虑请以'却金'、'喜雨'扁东西,颜亭名曰'钥西',前曰两贤芳绩,何如?"士若民曰:"善。"遂以纪请不佞钦。曰:"余能名亭,不能记亭。虽然余观兹亭,有得图政之略,而又有慨于泰与龙之际也。"夫亭非泰昔日之亭,而道非泰昔日之道者哉。昔也废,今也兴。昔也,芜没荒烟翳莽间,求一驻足寓目焉而不可;今也,蔚为燕寝观游佳处,而且俨然一关镇、一阛阓也。而盗亦息,夫天下而果有不可图之政,夫图政而果不在人也乎哉?

泰与龙等邑也,龙广袤数百里,行数日不尽;泰西南五甲许,东北一半晌可周。亭以外两渡,泰委流处也。割余泰何损撮土,靳不予而使为泰害,何也?等赋也。亭以外为龙,龙地无升合之输,山峒川泽无论已。田以亩计,亩粮二升零。亭以内为泰,泰通田,地以斗计,斗种六升粮五升,山林川泽有赋又何也?夫泰民非吾民也乎哉!一亭隔,广狭轻重若是悬也。而矿使沓至,矿役繁兴,诸旁邑独无,泰独有也。积弛丛蠹,泰今日又独甚也。管令君抍而循之,百废兴,百弊革,一亭构其细者。然而兴廉则劝,御暴则安,绥旅则怀,计虑远,区画详,察泰治者,视其细可知也,夫政果在人也。

于是乎,为泰书而且告之当道者曰:"以泰壤小,赋重于诸旁邑,而需政尤亟也。"后之怜而泰者若何?曰:同仁而慎人。

西城楼
[明]管橘

西南楼阁映三台,
胜概临溪天险开。
雉堞湖光随水漾,
海门月影隔林来。
万家烟火千秋暮,
几处弦歌百尺台。
壮志不殊先仲父,
补 遗愧一匡才。

重建文庙记

◎ [清]柴允钦

　　邑有文庙,古也。居县署之左,龛陋湫隘。明嘉靖间,司理黄公直,辟地而恢之,费金钱万五千有奇。堂帘肃穆,门庑章焕,悬栋飞甍,崇闳嶅屼,煌煌焉堪为诸郡最。岁癸未,暨泮宫尽毁于回禄,当事者谋复之而未能也。

　　顺治丙戌,余承乏兹邑,伏谒先圣于紫阳祠,心怦然动,将请诸大府而从事焉,值桴鼓数起,姑缓其役。越三年,寇息,学使者闵按漳郡,具请得报:"可。"乃进荐绅先生及都人士,相为营度。或有难余曰:"子大夫之志则善矣,亦庸知所以难复之故乎?当黄公时,海内无事,县官衣租食税。郡邑偶有兴作,朝疏上而夕报可。出诸内帑者,殆贯朽不可校。故事无留难,而民匆告匮,则时之为也。今萧然耗费矣,且山童其巅,求材者无从残木,能神运而鬼输乎?否则,谤言嚣嚣盈道路矣,故愚以为需之便。"余曰:"不然,世之垂绅组而縻廪饩者,因凭藉六籍以自迈者也。读其书,则思宗其人,美宫墙而骏奔之,乃其所耳。且泰之聚族而处者,无虑千余家。都丰食厚,鲜衣怒马,焜耀州间间,居然杜陵韦曲之豪习也。乃至尊师重道之举,靳勿究图,亦可异矣。然事蔑纤钜,顾力行何如耳?虽山髡石颒乎,千章之材,万仞之壁,望之崒如蔚如,左宜而右有者,未尝乏也。可斤可斫,磨砻而砥砺之,奚舍力焉?"

　　于是召匠鸠工,集瓦石,庀材具。因庙故址,尽量而丈计之,吉蠲有日矣,百执事奔走无敢后。是役也,余以禄入七百先,而乡士大夫、洎豪家巨室,各计资若干。役起于己丑嘉平,竣庚寅季夏。凡费五千有奇,较前縻,既俭而雄丽有加焉。首秋之三日,乃宰豕刲羊,大合乐,迎先圣,而释奠以告成也。

　　余顷得量,移庐州司马。于役有程,而门庑之制,镂绘之饰,尚逡巡未辨。后之君子,嗣余志而竟之。经营丹艧,以垂光于千万祀,是斯道之幸也。董其事者,学博士萧公溇、藏公余恺;莞材而司出内者,封君戴公烶;分事朝夕恪共,则有明经刘君济、弟子员薛更之、乡宾林甫登,毕皆度庀材;耆宾杨于陉、儒士薛龙庄,赞襄匪懈例得并书,以为趋义急公者之劝。

　　文庙,位于县署东面,始建于宋初,于明嘉靖四年(1525)扩建,广六丈四尺,高四丈二尺,堂皇壮观。后毁于火,清顺治年间又重建。今已废。

　　作者柴允钦,浙江仁和人,贡士出身,清顺治四年(1647年)任长泰县知县,组织修城郭,兴文庙,后升庐州司马、同知。本文记载清顺治六年(1649年)重建文庙之事。

重读花县诗文

重兴石冈山文昌阁记 ◎ ［清］李实蕡

　　石冈，邑文峰也，与学宫对峙。耸然秀起，苍翠蓊郁，望之如画屏。然其顶颇平，论者以为是当建阁，以增峰峦之胜。

　　万历九年，遂安方公应时，莅斯土，捐俸首倡筑阁于山椒，祀文昌神。嗣是，人文丕振，甲科蝉联。甲寅毁于雷，封君戴公烷捐重资，鸠众重建，易木以砖。己未风雨交作，复毁于雷，士人病之。越六十年，无有接踵其役者。邑庠士王公吉人，好义乐施，太封君紫卿公裔孙也，捐金满百，倡议重兴。而同庠戴君万选、刘君花春、戴君玉锵、王君步青、薛君璠玙、戴君黄茂，跋履鸠聚，以赞其绩。劳三载，费金七百有奇，而功始竣。又思为长久计，去其砖瓦，易以云根。势插天云，高悬半极，较诸从前，其壮丽有更加数倍者。昔人有谶云："石冈平，四山明，文星现，贤才生。"今斯阁告成，文星复灿，则贤哲之挺生，接踵而起，又安可量乎？

　　余昔来泰，尝游兹山，与诸同人饯别，酬唱赋诗以纪之。今幸聿观厥成，窃谓穆叔不朽之论，次在立功。诸君之功大矣，是宜勒之石，以为后之立功者劝。

同友人邀游石冈赋此为别
［清］李实蕡

梁柱诸峰高插天，锦溪之水清且涟。
此地谁开真扼要，梵宫突兀倚层巅。
微雨乍晴风日好，我来恰值秋光妍。
扪葛斜穿一径入，凭轩俯瞰万井连。
指点鸦飞鹘没处，白波青嶂摅云烟。
古树阴浓昼转寂，解衣禅榻借高眠。
酒醒梦回香满地，一声牧笛起斜川。
丘壑本自耽佳趣，登临况乃对离筵。
徙倚归途情未极，鹧鸪更叫夕阳前。

屏风石赋 [清]庄歆

屏风石,长泰天柱山的自然景观之一,高数丈,石壁前倾,颇具特色,上有石刻文字。自古以来,屏风石胜景深受游客赞赏。现风貌仍存。

作者庄歆,清朝县令,历任司马等。本文为作者游览天柱山,有感于屏风石奇特景观所作。

　　伊天地之巍峨,实武安之屏障,镇地轴于东南,干青霄而直上。烟光云气,乍合乍离。夜月晨曦,相摩相荡。多怪石之壁崚嶒,俱肖形而殊状。鹰振翮以摩天,象悬鼻而立仗。石梯可历级而登,石柱则屹立而向。石库既窅窈幽深,石洞更洼寥旷宕。大帽则鼎覆檐垂,香炉复项缩腹胀。岂人工之技巧雕,乃造化之天生奇样。

　　就中一石名曰屏风,高逾九仞,横展碧空。拟巨灵之斧劈,凸凹胥泯,或女娲之锻炼,痕缝俱融,遮住天风。少女清狂,奚虑隔开,海气蜃楼,幻化无踪。展兹山之钟秀,卓哉泰邑之奇踪。缅夫碧虑设自窗前,争夸花灿绿沉,列之座右,雅擅玲珑。合板作罘罳,见说陈于禁苑。重葩成不起头来鞿匝,曾闻排自深宫。孔雀屏开,张设窦家庭内,金鹅梦绕,吟成李贺诗中。光闪虹霓,唐室太真宠渥,珠悬火齐,汉家董偃恩隆。题刺史之名,料是纸糊木架,图列女之像,无过彩画纱笼。课子训孙,家诫集于房相。儆心触目,谏疏书于太宗。要之或朴或华,至竟同归于尽,为奢为俭,迄今欲觅何从?岂若鬼护神呵,亘千载而坚贞,孔固天长地久,阅四时之景,致无穷也哉!

　　时维春也,杏雨霏霏,柳烟袅袅;几片飞花,数声啼鸟。宛如崔白之横披,不减黄荃之画稿。行来粉黛,比周昉之美女纤腰;经过冠裳,俨唐殿之廷臣仪表。迄乎夏令,砾石流金;樵子淋汗,高唱绝吟;牧童病喝,短笛收音。走向崖边,蔽却半天酷日;憩斯岩畔,送来一片清阴。洗耳听凉风,想见雪崖佳句;披襟纳爽气,足写毛玠素心。至若占断秋光,更为无价。天清瘦骨孤撑,泉涸细流微泻。萧萧木落,寒蝉咽露以凄凉;飒飒风高,征雁衔霜而上下。当空廷皓月,云母千寻;倒影落澄潭,琉璃满架。若到隆冬,时候别饶,奇景堪夸。行行枯木,阵阵归鸦。雨洒凝寒,络以真珠的烁;雪消映日,嵌将玟瑁光华。四壁丹枫,疑是珊瑚环绕;远山苍蔼,挥如翡翠周遮。

　　呜呼!噫噫慈山也,而有慈石也。绿野平泉移不去,画堂金屋难陈设。任他物换星移,不共昆明灰劫。彼匡庐巫峡,屡见咏于高人;即九曲玉华,亦常吟夫骚客。奚为具此奇观,长自甘心泯没?那堪相遇惠崇,一咒恐教破裂。愿随石隐者流,终古藏名遁迹。我今为尔赋之,愧乏锦心彩笔。惟有拜倒峰前,丈夫频呼,不绝而已。

重读花县诗文

重建县堂疏 ◎ [清]杨新基

　　邑治有堂，向明而处。礼、乐、刑、政所自出，簿、书、钱、谷所期会，故堂曰："公堂。"发号施令，官得而莅之，不得而家之也。上寿称觥，民得而跻之，不得而宅之也。其位尊，其他重，其义宏且大矣哉。

　　稽泰之堂，建自南唐保大，历宋、元至明。邓侯经画周详，底法完备。沿久不修，渐至于蠹。越清朝雍正丙午，陡然塌矣。二十年来，宰是邑者，仅以蓬厂当芳舍，非独观瞻不肃，抑大亵国体也。甲子冬，张侯捐俸而重建之。刻期观成，焕然一新。然高卑广狭，比前制差异，且逢岁破，时日未协，自兴工以迄落成，咎徵屡告。邑人常以为病，而未敢以改建之说进也。李侯来任是邦，询于众议，遂因谯楼之役谋改及堂。是天时所由挽回，地脉所由运转，人事所由振兴，司牧之功而生民之福也，勿思所以成之哉。盖邑之有公堂，犹家之有宗祠也。以一家而营一祠，常见其易；以万家共营一堂，犹苦其难乎？夫重行必呼邪许，仔肩端赖佛时，独力难以扛鼎，众志可以成城。

　　我侯暂栖积棘，然犹捐清俸，以为斯民倡。而生于斯，长于斯，聚邑族于斯者，独弗云集响应，以襄美举？是侯以家视邑，而吾侪弗以祠视堂也，于心安乎？凡我绅士里耆，好义乐输，谅有同情。或倾囊倒箧，效山神之助木；或掬流抔土，率童子以聚沙。各随愿力，载赞其功，则上不负我侯复古美意，下亦可壮八里巨观矣，是为疏。

古基石

古榕树

　　长泰县堂，位于县城罗侯山之南(即今长泰县政府大楼前)，始建于长泰置县之时(955年)，历经数代，屡有修葺改建，清雍正年间倒塌。清乾隆九年(1744年)重建，规制缩小；乾隆十一年又扩建，恢复旧制。长泰县孝廉杨新基(本文作者)董其事，并捐金佐之。同时，还重建了长泰县堂前的谯楼，增添了"花县春风"("武安八景"之一)的胜景。

清理双圳陂碑记 ◎ [清]张懋建

乾隆十三年,余筮仕得闽之长泰。初谒大中丞潘公,振纲饬纪,百废俱兴,而农田水利,尤惓惓重本计也。

余奉令不敢忘,既至泰,泰又闽之僻陬,弥望皆崇岗复岭,绝鲜可耕之田。其勤者,垦山为田,藉溪流,作灌溉,曲径取泉,各施智力,以备无患。邑东北彰信、人和二乡,延袤三十余里,有田万余顷,在山泽间,其蓄水陂塘,则宋好义之士陈耆所设施也。民沾其利者渥矣,因专祀于其乡。顾历年久远,沙泥壅塞,嗜利之徒,乘便筑埭为田。河流浅淤,民失其利,祠亦遂废。近十余年,历经前令李、沈、张、李,严拘饬禁,设法清厘,而正署迭更,旋行旋止,梗化者且遏不通也。陈之裔孙草,惧泯前人之功,告请疏通。时署令涂君遵宪,谕备稽通塞形势,功悬未举。而余方莅任,奉宣宪德,召父老一

陈巷戴埗村中,立有两碑,名为"清理双圳陂记"。一碑高2.41米,宽1.00米;另一碑高2.38米,宽1.04米。均阴刻、有花边。碑文记载陈耆于宋嘉熙元年(1237年)捐田兴建十五户陂的事迹,以及清乾隆十三年(1748年)重修陂圳情况。

十五户陂外景

重读花县诗文

191

一咨询之。

志载:陈耆捐田二百四十馀亩,创开水利,其源自旌孝里□山之麓,至上苑大溪南岸,开凿陂塘,循南行五六里。区为东西圳,随地设陂立闸。东圳之陂,曰陈坑,曰陈塘,曰田仔,曰洋,曰长背,曰莲塘,曰陈洋,曰大夫坊。西圳之陂,曰上原,曰竹木,曰后溪,曰汤湖,曰洋溪,曰山重,曰罗鼓,曰新塘。随所注屈折周贯,汇流大溪,达龙溪之大江,厥功巨矣。

乃今之占筑者,王禾、沈车而下百六十九名,开占田四百六十二区,壅遏水流。余躬往督视,悉令疏通,复其故迹。有不率者,荷校以警,而其流乃大畅。顾东陂治矣,而西陂之罗鼓、新塘犹未复,则双圳农民尚有向隅。大宪之周悉民隐,其曷克慰哉?余复熟视其形势,盖昔年浮山、山重之间,堤岸窄薄,又大溪涨流直下,湍水激堤,堤身崩陷,山重之流遂废,而小圳亦渐湮塞,民嗟石田无所资灌溉。再召父老,谋所以聚水之法。于浮山之内别浚一渠,避去大溪二十丈外,筑塘堰以卫堤身由陂酾圳,由圳沃田,泽流滋渥。复为设陂长,以时启闭。而昔年大圳三十六,小圳四百馀之规划,井然复旧矣。

明年,年丰时和,民歌乐利,二乡之民,鸠工庀材,重新祠宇,析馀产以隆祀事。好事者,且列余名尸祝之。夫"双圳"之兴,余与诸绅士众谋,佥同奏绩,固易而实,则大宪之鼓舞民利,课其成效,为不可喧也,余其敢窃为己力哉?维时经理其事者,都阃戴秉魁,具有功绩;而捐田捐资得以周通水利,则有绅士戴植生、杨维翰、卢灿然、杨元让,暨乡宾杨蓝观,例得备书。其清理弓亩之数,及督工分捐,诸姓氏咸列之碑阴,使后有所考焉。

双圳陂,也称十五户陂,修筑于宋嘉熙元年(1237年),为陈耆与妻颜氏捐田240余亩,躬亲督率,组织民工所修。双圳陂长30余里,开凿陂塘36处,水圳400余条,可灌溉农田万余亩,为长泰古代修建的最大的农田水利工程。

清乾隆年间,知县张懋建(本文作者)又主持修复,恢复旧制,造福于民。本文记载其事,刻于石碑,该石碑现存陈巷镇戴墘村。

新城区

欣赏 长泰新姿

　　千年古县长泰的今朝变化,可以用日新月异来形容。长泰人正用行动实现自己的梦想。他们要把长泰不仅建设成厦门和漳州的"郊区",建设成厦门的"后花园",闽南金三角的"中心花园",而且变成投资沃土、兴业乐土,实现"闽南宝地"和"金长泰"的真正价值。长泰现代工业发展在快马加鞭,生态休闲旅游方兴未艾,绿色居住家园拔地而起,社会各项事业建设加速推进。也许你借助本书来到了长泰,发现这个千年的"蕞尔小县",实际上是一座正在冉冉升起的现代文明绿色县城的时候,一定会和我们一样发出由衷的赞叹。

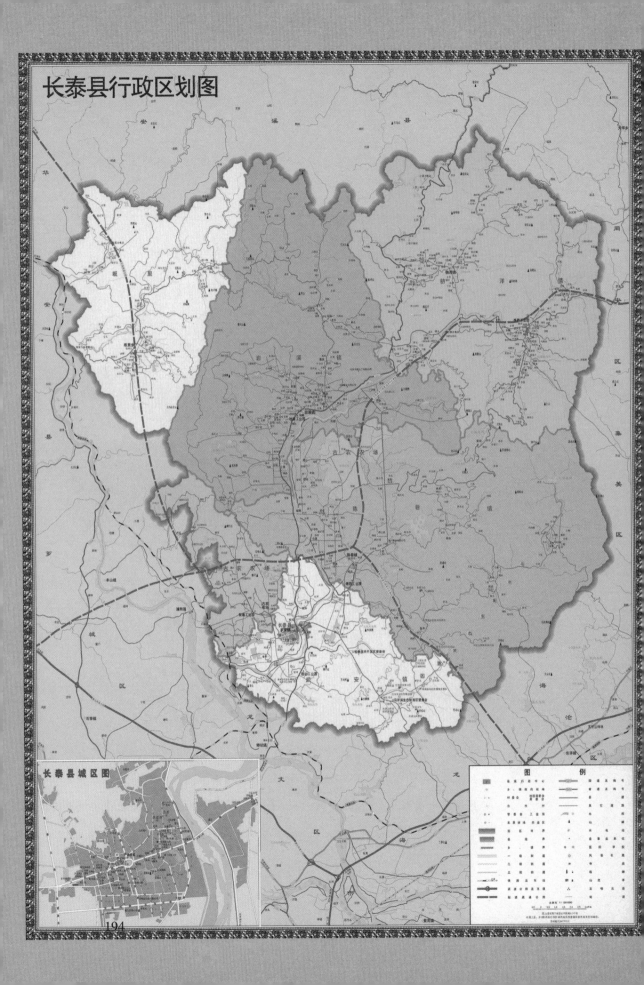

长泰县行政区划图

◎ 绿色长泰 ◎ 龙津

长泰建县于公元 955 年,地处厦漳泉闽南金三角中心结合部,素有"闽南宝地"之美誉。全县总面积 912.67 平方公里,人口 19 万人。产业工人每年正以上万人的速度增加。现辖 6 个乡镇(场)、一个省级工业开发区、一个市级工业区、一个市级生态旅游区。长泰东距厦门市区 45 公里,南至漳州市区 19 公里,交通十分便捷。近年来,主动融入厦门湾,做大新长泰,特别是工业经济发展迅猛,形成了机械制造、体育用品以及电子电光源等主导产业。同时农业结构不断优化,已有名优水果、无公害蔬菜、优质茶叶、食用菌、畜牧水产等特色产业,长泰芦柑被称为"柑中之冠",被评为"漳州十大名优花果"。生

欣赏长泰新姿

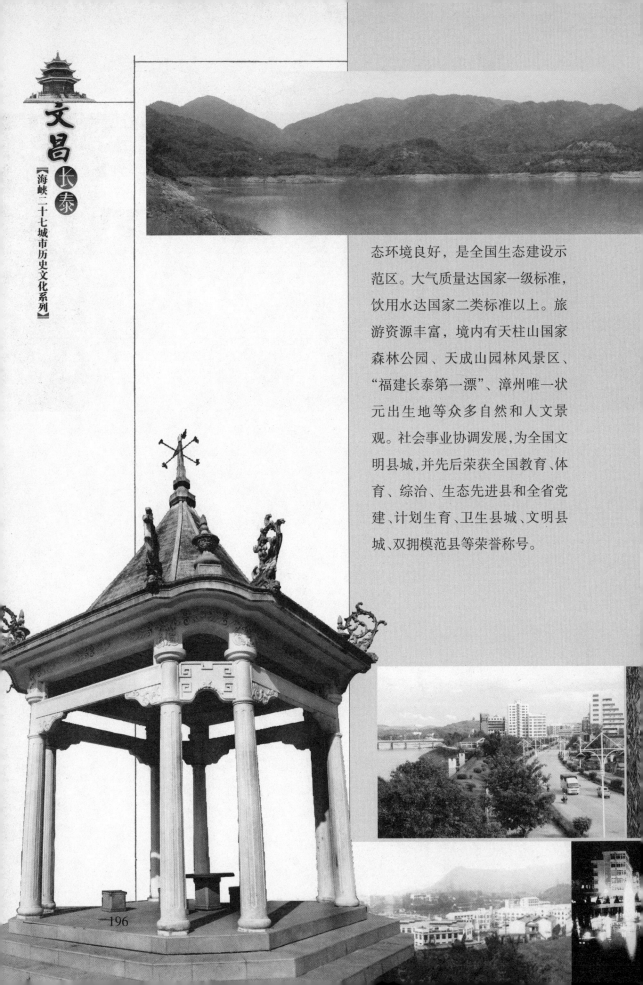

态环境良好，是全国生态建设示
范区。大气质量达国家一级标准，
饮用水达国家二类标准以上。旅
游资源丰富，境内有天柱山国家
森林公园、天成山园林风景区、
"福建长泰第一漂"、漳州唯一状
元出生地等众多自然和人文景
观。社会事业协调发展，为全国文
明县城，并先后荣获全国教育、体
育、综治、生态先进县和全省党
建、计划生育、卫生县城、文明县
城、双拥模范县等荣誉称号。

196

这是一片热土。年轻的热土。

沉寂多年之后，她粉红的肌体和青春的心思，在新世纪的春天真诚裸露，像田野里归来的初恋的少女。

原始的激情和清新的气息，透过光阴吸引着人们的目光。

尘土飞扬，激情放纵。

温柔的粉红土地上，新世纪的长泰人，用他们的挚爱与执著，用他们的睿智与才情，在春天里激扬文字，在秋日里抒发豪情。

——三十功名尘与土，八千里路云和月！

秋冬时节，我再次来到厦门的"后花园"——千年古县长泰；我以旁观者的身份，见证了一个新兴城市的蓬勃朝气。

车队走过开发区的土地——年轻的土地，道路宽阔，绿色掩映着一幢幢簇新的厂房，让我们轻易就想到热火朝天的意境。

蓝天下，我却看见一群奋蹄前进的骏马，在春天的召唤下，激情而快乐地奔腾驰骋！

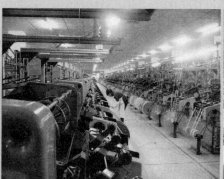

197

◎ 梦想长泰 ◎ 黑马

诗歌是城市和乡村的季风。

在岁月飘摇的时空寻找她梦幻的归宿。

千年长泰,风和日丽。小啜一滴龙津老酒,思绪便在天柱山的青山绿水间,漫无边际地欢快神游。

远离阳春白雪,天生就是诗人。憨厚的神情,遮盖不住激越恣意的诗情;爽直的性情,掩藏不了快乐洋溢的本真。

远尘嚣而返璞,近山野而归真。

如此的山水,如此的心境,在长泰这块土地上,人与景竟如此浑然一体。

山风拂过的时候,性情的心海潮涨潮落。

绿色飘飞的世界,和谐的生活愈加甜美。

花灯齐放,带人来到天上的街市。

在梦想面前,所谓的诗人都已失语。

长泰夜景

陶然园60年

◎ 黄贵 成兴

农历己丑年春,陶然园改扩建工程竣工,引来无数市民赞美声。和着春天的脚步,畅游陶然园,不禁让人勾起对陶然园的回忆。

一

解放初期,长泰县城人口只有四五千人,市集中心呈"下"字形分布:横为解放路,竖为中山路,"下"字的一点则是坐西向东的"戴氏宗祠",堂前下九步台阶下是一片工整石埕,埕外一口池塘,面积不过十亩。池塘东岸以一堵粉墙照壁为界,墙上壁画残存,犹可辨认是"双凤朝阳",地名俗称"石埕"或"石埕池"。此处之东南地带,瓦砾夹杂崎岖荒埔,长着龙眼、番石榴、野芒果、木棉等树木疏林。东边远处则为沟壑荆棘,约有一顷之地,似市集里的荒郊,号鸟夜鸣令人惊心;南边是体育场、长泰中学,其中夹杂着小簇民宅,地名曰"竹仔驿"、"许仓埕"、"后楼"等。南北过往取道石埕池两侧,足迹踏出两条弯曲的小路。这就是陶然园早期的光景。

二

1954年,长泰县人民政府暂借戴氏宗祠作为人民法院的办公场所。当时,法院的工作人员提议,在石埕池一带辟建"人民公园",供群众游览休憩,得到当时县里领导的采纳。

于是,县委、县政府发出倡议,动员机关干部参加建园的义务劳动。用一周时间,削凸丘填洼地,做大致平整,其中,石埕池至戴氏祠堂一带因地势较低,填土提升约40公分;利用石埕池原有残存基石,清淤筑岸,修整圆形池,

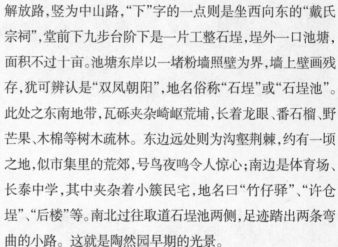

推倒残存照墙；在园内坡地上种植桉树、木麻黄等，点缀园景；把登科山仙人殿遗址和南街明代太监府两处的假山石、太湖石、篆刻"圆壁"石、"仙人迹"石等搬到公园安放；到漳州长福村（今百花村）聘请三名花匠来长泰从事养花植圃，负责照看整修公园。

此后，县里因幼儿教育、文化娱乐、体育训练的需要，在公园周围场地，建总工会、电影站、文化馆、灯光球场、体育馆，在堆积的土丘上建六角亭，划定儿童活动区域。

值得一提的是，1972年春节在公园内举办的元宵灯会。当时，各单位制作花灯集中到公园参展。此次参展花灯达200多盏，光明璀璨、玲珑剔透。花灯种类有：丝绸锦绢制造古色古香宫灯、走马灯、肖形灯、水族灯，更有以光纤塑板、镀模合金为原料组合塑造的表现行业特征的"特型灯"。在灯展期间，还举办灯谜竞猜、木偶戏表演等。全县各公社乡村群众赶来参观，一时间，公园内人山人海，拥挤不堪。至此，人们开始觉得公园狭小，无可回旋。

三

1978年改革开放后，县城区改造步伐加快。到了1983年，建造公园门亭和进一步充实公园景观之事摆上了县委、县政府的议事日程。经过各方认真酝酿后，公园正式命名为"陶然园"。园名源自北京"陶然亭"，借以生辉。"陶然"含义"怡快"，唐代白居易有诗云："更待菊黄家酿熟，与居一醉一陶然。"

彼时，陶然园左侧绿竹成荫，竹下安置的文物石翁仲、石虎、石马、石羊等，系白石作区"五虎下山"丘陵地古墓葬附属物，迁来摆设的。考虑到石埕池西边地势仍偏低，再填土40公分。这样，戴氏祠堂原先下埕九步台阶，经两次填土后，变成只需一步即达。石埕池周边，采用"粗打"石块，砌成正圆形池岸，池沿用铁管焊接成环池低栏，设置石椅石凳，补种花草树木。

四

近年来，随着长泰经济社会的快速发展，县城区建设驶入快车道，县委、县政府对市容市貌和市民休闲场所等民生工程高度关注，在完成鹤亭休闲公园建设、"点'靓'长泰"夜景工程、改造人民体育场和启动绿水景观工程之后，迅即着手陶然园改扩建工程，先后拆迁园内的总工会办公楼、少体校办公楼、灯光球场及沿街店面等，还地于园，还绿于眼，还园于民，并在园内建造水榭、凉亭，敞厅，开渠导流，曲桥度步。经过8个月的紧张施工，一个闹中取静、繁华与静谧和谐共处的公园展现在人们的面前，市民有了又一个休闲娱乐的好去处。

漫步园中小径，满目青翠扑入眼帘；迂回水榭廊桥，凝眸石埕池，水中鱼儿欢畅游翔，似乎在举办"子非鱼，焉知鱼之乐？"的思辩会；放眼四周，树影婆娑，各色花卉姹紫嫣红，迎春怒放……

一个公园的变迁，见证了长泰半个多世纪的历史沧桑，也饱含着党委政府对民生的关注之情。

打工族的心灵家园

◎ 蔡宏华

"我在这,想你!"

"我们在这,想家!"

"我们仨在这,想未来!"

有个安静的地方来释放念人、思乡、谋划未来的心情,是打工一族的追求。在长泰兴泰开发区,一个充满温情的"兴泰广场"满足了打工一族的愿望。

69亩的占地,1500多万元的投资,足见"兴泰广场"的规模之大,长145米、高10米的全县最大户外公益灯光广告牌大气地挺立着:"海峡西岸生态县,万绿丛中工业城",宣示着长泰作为海西生态与工业并行县城的独特之处,其间大树、灌木、草地立体绿化,假山雕塑、盆景石凳错落有致,新颖大方的景观灯装点着广场的夜色。面前是宽阔的大道,身后是葱翠的大帽山。

绿色的基调,清秀的风格,延展的生命,无疑增强了广场的魅力。白天的广场,绿草如茵,绿树掩映。夜晚的广场,火树银花,交相辉映。让人在如歌、如梦、似画、似诗的意境里,享受着通透、轻盈的美感……

这个偌大的广场的建立,主要源于政府对众多本地或外来打工者的人

欣赏长泰新姿

文关照。原本在兴泰开发区打工的人们,上班在工厂,下班即回家,有人笑谑:"连谈恋爱的机会都逮不着了!"一有朋友来访,只能请到饭店聊表寸心,有限的时间段里总会留下说不完的话儿;倘若有家人来探望,也只能蜗居在自己的出租房里倾诉衷肠。两点一线的日子白开水一样的枯燥,人得工作,也得休整,而心灵更是需要放飞!

如今,无论你是步行者,还是摩托车派,抑或轿车族,在开发区一带,谁都可到这个地方吹吹风,透透气,唱唱歌,跳跳舞,聊聊天,叙叙旧。广场全天候开放,谁都可以选择合适的时机到此相看两不厌。

晴好的天气,旭日东升,广场被阳光涂抹得金灿灿的,对面的厂房人潮涌动,生产线有条不紊,进出厂的货车来来往往,繁忙的劳作,让观者如临其境,不由自主地挤进了经济快车道。而身后的青山犹如一位睿智的老者,微笑、颔首,似在称叹这日新月异的巨变。

即便是阴雨天,工作疲累的人们依然可以撑一把伞,在石头铺就的小路上放飞思绪,放松心情,听雨的问候,让自己的心愈加坚韧。在这广场,雨声亦是一种呼唤,一种激励。其实在这块曾经陌生的土地上打拼,多少人有过迷惘,有过退缩。而在空旷的广场,你大可不必去顾及雨声的节奏感,当心中有了固定的方向时,你该如这雨的韧劲,一往无前。

有月的日子,不管你在广场的哪个角落,都能沐浴着或浓或淡的皎洁的月华,天上的星星闪烁,地上的萤火虫儿也自由地飘舞,此时,三两个朋

友在这儿喝着饮料,谈笑风生,望着远近明亮的灯光,望着高低有致的楼房,为自己,也为同伴鼓劲。即使在无月的夜晚,在这个远离都市的广场,你也尽可张开双眸去看那黑色天幕里闪亮的星,想象你是当中的一颗,在将来的某一天,受到更多人的瞩目。

兴泰广场,打工族的心灵家园。

欣赏长泰新姿

◎ 鹤亭园抒怀 ◎ 叶小秋

家住温馨小城长泰,有山,有水,足矣。

迎着晨曦,沿着龙津江畔行走。湛蓝的天空,满满的霞光,温柔的秋风在身后轻声歌吟。

这座修筑在美林湾畔的公园叫鹤亭园,是小城的"新生儿"。连着武德园的北角向东拐去,恬静地卧在美林湾的加固防洪堤坝上。园子不大,也不像名字有鹤,但却吸引了众多探寻的脚步。每当清晨或黄昏,人们纷至沓来,在小城的喧嚣外寻觅一份轻松与闲适。

晨练的人们,三五结伴,在这里跑步,打太极,摇呼拉圈,穿行在线条流畅的步行道和卵石路径上,从白发老人到垂髫小儿,个个英姿勃发,神采飞扬,快乐爽朗之气感染着这里的一草一木。倘是傍晚时分,江心戏水,江边垂钓,荡漾着另一种诗情画意。待到夜幕降临,隔江观灯,蔚为壮观的县城夜景叫人赏心悦目。这里,月光如水,蛙声虫鸣,天籁之音不绝于耳,带给人们简朴的田园气息,抚去一天奔波的辛苦。

朝阳的金辉撒满了龙津大地。美林湾,鹤亭园,翠竹,江水,白鹭,黄牛,迷蒙的水汽氤氲在河流的上方,晶莹的露珠沾染着娇羞欲滴的花骨朵儿,无不吸引人们停下匆促的脚步,尽情观赏大自然美好的一面。这一切异乎寻常的美感,勾起我长长的思绪。

堤坝的北面是鹤亭村的庄稼。甘蔗林连着香蕉林，青纱帐似的围着村庄。一畦畦菜地，一垄垄稻田，浇肥灌溉，插秧收割，老牛耕地，田畴上阡陌纵横，沟渠如麻。几年前的一个盛夏，一场肆虐的台风暴雨席卷而过，摧毁了这一张千年不易的农耕图。滚滚咆哮的洪水，仿佛从天而降的魔鬼，劈开竹林，撕开堤坝，冲进了村庄。庄稼淹没了，牲畜流走了，鹤亭小村笼罩在一片砭入肌骨的寒冷之中。

噩梦，终于在重新普照的阳光中渐渐苏醒。整条龙津江的堤坝被重修加固，鹤亭村连接美林湾的这一段也被改造成休闲公园。公园的左边，鹤亭村建起了林立的现代化楼盘。

在鹤亭园上或健身，或休憩，清翠的竹林迎风而舞，滔滔的江水低吟浅唱。牵一股清清的河风边走边嬉戏，累了就舒适地靠在凉亭上，抱膝而坐，双手抚腮，采一缕幽幽的花香边思边沉吟。因为阳光充足，雨水丰沛，这些新植的花树舒枝展叶，争妍斗艳，在阳光下解读着生命不息的秘语。农家的黄牛在江畔自在地啃着青草，身段修长的白鹭像一群有趣的孩子喜欢和黄牛凑在一起。这一切都是那样平和安静、从容优雅。我喜欢在绿树下散步，朝阳的光芒透过树枝洒在我的双肩。什么也不想，只是虔诚地聆听。从千里之外的塞北或异域，从亘古悠远的汉朝或唐朝，强劲的风，轻盈的风，吹醒你一宿的迷惘，轻抚每一条神经，放松紧绷的弦儿，把寂寞，把迷失，交给滔滔江水，还你一闪灵犀。

休闲公园沿着江湾迤逦向东伸展，沿途视野逐渐开阔。南面，不远处的溪东村、石冈山、文昌阁层次分明；东面，天成山、天柱山还有吴田山连成一道紫色的屏障；西北望去，鹤亭村的背后，梁冈山在遥远的天际欲为仙境；身后，正是我们居住的小城，长泰——千年古县、状元故里，一个古老而又年轻的地方，像一幅美妙的图画，在岁月的流转承接中，它的美丽，它的神韵，它的朗朗清气，正在悄悄孕育、展现。

仁者乐山，智者乐水。闲暇时到美林湾鹤亭园去吧！生活的美好就在我们的身旁。

然而，我们的小城，又岂止是美林湾畔的这些风景？！

欣赏长泰新姿

◎ 长泰漂流尽风流 ◎ 马 洋

　　长泰漂流号称"福建第一漂"，名副其实。首先是因为它开漂时间之早，在大家还不知漂流为何物时，她就诞生了。其次是长度之长，落差之大但安全系数之高而且两岸生态之美，为无数漂流爱好者所青睐。再就是，长泰漂流人，已经把漂流文化这篇大文章做到了令人刮目相看的程度。近年来，长泰漂流公司借助漂流构建漂流文化，不仅许多男女老少漂流爱好者，而且许多作家、艺术家、企业家，都把来长泰漂流当作了他们体验人生、挑战风险、休整计划、迎接未来的理想场所。长泰漂流从十年前的一条简单的水道起步，如今已经是集激情漂流、动力伞飞行、实弹射击、跑马射箭、大湖山探险、溯溪攀岩以及垂钓篝火等旅游节目在内的俱乐部，把长泰独特的山水景观人情集中地体现出来，成了一张人们认识长泰的大名片。

　　今天，你可以不知道长泰，但不能不到长泰漂流。到长泰漂流开会度假休闲，已经成了人们的首选，因为与今天许多让人过目即忘的类似景区相比，这里给人们的记忆会很多很多。而到了长泰漂流，如果有机会与漂流公司的连文成董事长做一次对话，绝对又是一次心灵的惊险愉悦的旅程。连

董事长最得意的是"胆量"论。他说："做事要有胆,做人要懂理,'胆理''胆理'做事做人都可以。人一懂理,社会团结又和谐。"农民企业家的朴素语言让你深切地感受到,什么叫创业,怎样创业,感受到中国农民的质朴、狡诘和可爱。由连战先生亲自题写店名的"连氏大酒店",已正式开张。正如连文成所言,今天,连氏大酒店成为了长泰展示形象的一个窗口,也成为连接海峡两岸亲情友情的桥梁。

欣赏长泰新姿

编　后　记

千年古县,状元故里;山清水秀,温馨小城;海峡西岸生态县,万绿丛中工业城。这些既是对长泰的评点概括,也饱含着对长泰的祝福期盼。

长泰是漳州仅有的三个千年古县之一,形胜闽南钟灵毓秀,兴农行商民康物阜,贤哲名士人才辈出,民风淳朴誉冠一方。近年来,长泰县委、县政府贯彻落实科学发展观,解放思想,改革开放,兴工兴农,允经允文,改善民生,构建和谐,科学发展,先后荣获全国文明县城、社会治安综合治理先进县、国家级生态示范区和全省经济发展十佳、卫生县城、平安县(区)等荣誉称号。回顾旧时之长泰,文明远肇;放眼今日之长泰,欣欣向荣;想象未来之长泰,辉煌灿烂!

今年年初,我们接到了《文昌长泰》的编撰任务。按照出版要求,我们在先前出版的《发现长泰》一书的基础上,进行了必要的删减补充,使内容更加丰富生动。长泰的风光景致,在书卷上深入浅出;先贤的尚行懿德,在字里行间重现;这一方家园故土,焕焕然千载一新……

县委书记张祯锦、县长王龙不仅出任本书顾问,而且拔冗为本书分别作序和前言,让本书增色添辉。县政协、文体局、文联等单位,以及一批文学爱好者为本书编写工作提供了诸多帮助。黄云辉、林春兴、张碧辉和谢拱榕等同志为本书提供照片,高鸿、刘锡安等同志为本书提供了插图。在此,谨向所有关心、支持、帮助本书编撰出版工作的单位和个人,致以衷心的谢意!

由于编撰水平有限,付梓匆忙,其中难免有疏漏失误之处,恳请读者批评指正。

编　者

2009 年 10 月